SABINE FLADUNG

Genießen
unter freiem Himmel

DIE 75 SCHÖNSTEN

RESTAURANTS

UND LOKALE FÜR DEN SOMMER

RHEINGAU

B

VERLAG

GENIESSEN UNTER FREIEM HIMMEL
Rheingau

© 2006 B3 Verlag, Norbert Rojan, Markgrafenstraße 12, 60487 Frankfurt

Layout und Satz: fagott, ffm
Umschlag: O'Hammond Art Direction, Frankfurt am Main
Umschlag-Motiv: B3 Verlag
Druck und Bindung: Holtz AG, Neudrossenfeld

ISBN 3-938783-02-8

Vorwort

SABINE FLADUNG

SOMMERURLAUB DIREKT VOR DER HAUSTÜR. RHEINGAUER LEBENSFREUDE PUR. GENIESSEN UNTER FREIEM HIMMEL

Der Rheingau gehört zu den schönsten Regionen Deutschlands, direkt am Rhein gelegen, wo der mächtige Strom das einzige Mal die Richtung wechselt und für einige Kilometer nach Westen fließt. Hier ist das Klima besonders angenehm und verwöhnt die Besucher mit Temperaturen wie im Süden Europas. Geschützt von den Wäldern des Taunus, auf wärmespeichernden Schieferböden, an sonnenbeschienenen Hängen und in geschützten Tälern wachsen die berühmten Rheingauer Weine, edle Rebensäfte, die weltweit immer wieder auf das Neue begeistern. Gastfreundschaft rund um den Wein ist eine Rheingauer Tradition, die seit Jahrhunderten gepflegt wird. Schon die Mönche des einstigen Zisterzienser-Klosters Eberbach, in dem der Weinbau im Rheingau seinen Ursprung hatte, pflegten die Gastfreundschaft und luden Reisende zum Nächtigen und zur gemeinsamen Vesper ein.

Auch heute sind Gäste von nah und fern überall im Rheingau herzlich willkommen. Viele Winzer haben ihre Güter für Besucher geöffnet, bieten eigene Gewächse und passende Speisen aus den Rheingauer Gutsküchen. Im Sommer sind es vor allem die rebenberankten Weingärten und Gutshöfe, die bei herrlichen Temperaturen zum kleinen Urlaub fernab vom Alltag einladen. Neben den Gutsschänken gibt es auch viele Ausflugslokale am Rhein, wo man den Ausblick auf den eindrucksvollen Strom, ganz nah, bei der Stimmung angemessenen Speisen und Getränken genießen kann. Verwöhnteste Gaumen kommen in den zahlreichen edlen Rheingauer Feinschmeckerrestaurants auf ihre Kosten, oft in historischen, altehrwürdigen Schlössern und Burgen, von denen der Rheingau einige zu bieten hat. Und auch Wanderer zu Fuß und per Rad und Familien mit Kindern sind eingeladen, den Sommer in den Rheingauer Restaurants und Lokalen mit Gärten und blumengeschmückten Terrassen zu genießen.

Die Autorin beschreibt über siebzig Adressen, die »Genießen unter freiem Himmel« versprechen und alle auf unterschiedliche Art empfehlenswert sind. Biergärten gehören genauso dazu wie Ausflugslokale, die vielen Gutsschänken und anspruchsvollen Restaurants und Hotels. Damit das Lesen, Ausprobieren und Testen auch so richtig Spaß macht, hat die Autorin die Lokale benotet. Denn egal, ob Sterne-Restaurant oder Schnitzel-

paradies, jedes Lokal kann auf seine Art und in seiner Kategorie (dafür gibt es fünf Rubriken) bis zu drei Symbole bekommen, für das Angebot der Küche, Preise und Ambiente. Kochmützen bewerten die Qualität der Küche beziehungsweise das Angebot der Speisekarte; »Euro-Symbole« markieren die Höhe der Preise, auch im Verhältnis zur Küche und zu dem, was fürs Geld geboten wird, eben das Preis-Leistungs-Verhältnis. Und schließlich, ganz wichtig »unter freiem Himmel« ist natürlich der Grün- und Gartenfaktor, der mit bis zu drei Blumentöpfen honoriert wird.

Doch damit nicht genug: Bekannte Personen aus Politik, Show und Medien verraten, welches Lokal »unter freiem Himmel« ihnen besonders gut gefällt. Die Autorin selbst hat in jeder Kategorie fünf persönliche Favoriten gekürt. Ein Lorbeerkranz führt zu diesen Top-Tipps. Garantiert subjektiv, versteht sich! Gerade deshalb: Viel Spaß dabei, für sich selbst die schönsten Lokale zum »Genießen unter freiem Himmel« zu finden.

Rheingau

Arnet-Mühle

WALLUF

IDYLLISCHE ATMOSPHÄRE
IM MÜHLENHOF

WEIN & SPUNDEKÄS' KÜCHE PREIS AMBIENTE

Ganz versteckt im Mühlental zwischen Ober- und Niederwalluf liegt die idyllische Arnet-Mühle, deren schmaler Eingang zum wunderschönen, historischen Mühlenhof das Herz eines jeden Romantikers höher schlagen lässt. Hier scheint die Zeit stehen geblieben zu sein, und mit Eintritt in den geschützten Hof der Mühle fällt sofort die ganze Hektik des Alltags vom Besucher ab. Bei der Arnet-Mühle handelt es sich um eine der ältes-

ten Mühlen am Wallufbach, die bis heute noch sehr gut erhalten ist. Seit 1632 befindet sich das Gut im Besitz der Familie Arnet. Der junge Winzer Wilhelm Arnet und seine Frau Angelika haben die Mühle, die bis in das 19. Jahrhundert betrieben wurde, behutsam renoviert und zu einem Gutsausschank ausgebaut. Ländliche Holzmöbel, Vertäfelungen aus alten Schlosstüren und passende Dekorationen aus dem historischen Anwesen selbst lassen die Gemütlichkeit längst vergangener Tage aufleben. Der lauschige Mühlenhof zwischen den beiden Hauptgebäuden, die dicht bewachsen sind, lädt zum Verweilen und Träumen geradezu ein. Das gastfreundliche Ehepaar Arnet bietet leckere Köstlichkeiten wie Brüsseler Leberpastete, Schafskäse mit Oliven, gebackenen Camembert und Toastspezialitäten an. Dazu gibt es Rheingauer Rieslingweine, Rotwein, Weißherbst und Sekt im Ausschank.

WEINSCHÄNKE ARNET-MÜHLE

MÜHLSTRASSE 96

65396 WALLUF

TEL. 06123/72 721

MI-SO 16-23 UHR

WWW.ARNET-MUEHLE.DE

DEN CHARME LÄNGST
VERGANGENER TAGE GENIESSEN

9

Rheinpavillon

WALLUF

FREUNDLICHER SERVICE
AM RHEINUFER

BEWÄHRT & BÜRGERLICH

KÜCHE

PREIS

AMBIENTE

Vor 20 Jahren eröffnete die Familie Becker, die auch Eigentümer des renommierten Wallufer Hotels »Zum neuen Schwan« ist, direkt gegenüber dem Hotel in einem lauschigen Garten am Rheinufer den Rheinpavillon. Geschützt im Wintergarten oder im romantisch verwachsenen Garten sitzt man hier mit Paradeblick auf den mächtigsten Strom Deutschlands

und kann so richtig die Seele baumeln lassen. Dafür sorgt nicht zuletzt ein freundliches Service-Team unter der Leitung des Hausherrn Claus Becker, das die Gäste betreut. Ein umfangreiches Angebot an Speisen, Weinen, frischem Bier vom Fass, Kaffee, Kuchen und Dessert sowie Vesperkarte lässt keinen Wunsch offen. Zu den Spezialitäten des Hauses gehören frisches St. Peterfischfilet, vielfältige Schnitzelvariationen und die Saisongerichte von Spargel über Pfifferlinge bis zu bayrischen Schmankerln beim Oktoberfest im Herbst. Zu günstigen Preisen um 10 Euro kann man das täglich wechselnde Menü genießen. Ein eigener Parkplatz direkt vor der Tür des Rheinpavillons in der ruhigen Uferstraße rundet das Angebot ab.

RHEINPAVILLON
RHEINSTRASSE 4, 65396 WALLUF
TEL. 06123/72275
FAX 06123/995950

GARTENWIRTSCHAFT VON MITTE
FEBR. BIS MITTE NOV.
12-22 UHR, DO RUHETAG
WWW.HOTEL-ZUM-NEUEN-SCHWAN.DE

PARADEBLICK AUF DEN RHEIN

Weingut Diefenhardt

MARTINSTHAL

IM ALTEN GUTSHOF
SCHLEMMEN

WEIN &
SPUNDEKÄS'

KÜCHE

PREIS

AMBIENTE

Ein herrlicher alter Gutshof, ge-
säumt von einem guten Dutzend blühender Oleander, lädt
im Martinsthaler Weingut
Diefenhardt in den Sommermonaten dazu ein, die Geselligkeit und Ruhe zu finden. 1917
erwarb Jacob Diefenhardt den
Besitz. Seit dieser Zeit wird das
Weingut von der Familie bewirtschaftet. Der Betrieb blickt auf eine mehr-
hundertjährige Geschichte und Tradition zurück. Die heute noch genutz-
ten Keller stammen aus dem 17. Jahrhundert. 1975 beschloss die Familie Seyffardt, die lange Jahre geschlossene Straußwirtschaft wieder zum
Leben zu erwecken. Heute ist Ariane Schäfer, geborene Seyffardt, unterstützt von ihrem Ehemann Franz und den Kindern Dominik und Martin für
»die Straußwirtschaft« verantwortlich. Mutter Rosemarie Seyffardt sorgt
nach wie vor in der Küche für den richtigen »Pfiff«. In einer entspannten
und wohlgelaunten Atmosphäre kann man hier Leckeres aus der Gutsküche und dazu eine echte Martinsthaler Wildsau aus der gleichnamigen
Weinlage verkosten. Dazu gibt es gelegentlich Chanson- und Mundart-
abende mit Ulrike Neradt, der berühmten Tochter des Hauses.

Tipp von Ulrike Neradt, Fernseh-
moderatorin, Sängerin und Vorsitzende
des Rheingauer Mundartvereines

WEINGUT DIEFENHARDT
HAUPTSTRASSE 9 - 11
65344 ELTVILLE
MARTINSTHAL
TEL. 06123/972 313
FAX 06123/703 626
TÄGLICH AB 17 UHR GEÖFFNET
SO UND MO RUHETAG
WWW.DIEFENHARDT.DE

FAMILIÄRE GASTFREUNDLICHKEIT   **11**

Weinstube im Meßwingert

MARTINSTHAL

MITTEN IM WEINBERG GENIESSEN

WEIN & SPUNDEKÄS' KÜCHE PREIS AMBIENTE

Die vorwitzigen Reben der Weinberge, die die wunderschöne Terrasse des Weingutes Klaus-Peter Keßler umgeben, scheinen fast bis ins Glas der Gäste auf den einladend eingedeckten Tischen wachsen zu wollen. In mehreren lauschigen, wind- und regengeschützten Nischen und Ecken finden rund 75 Gäste im Sommer und dank mobiler Heizstrahler auch noch im Herbst Platz. An heißen Sommertagen locken hier schattige Plätzchen und ein kühler Trunk aus dem Keller des Hausherrn Klaus-Peter Keßler, der auch Präsident des Rheingauer Weinbauverbandes ist. Rund elf Hektar Rebfläche bewirtschaftet er und bietet den Gästen seine guten Rieslinge und Spätburgunder, die direkt vor der Haustür in Martinsthal und im benachbarten Rauenthal und Eltville wachsen. Ehefrau Inge sorgt in der Küche für Köstlichkeiten, die wunderbar zu den Weinen passen. Zu ihren hausgemachten »Speisen nach Gutsschänkenart« gehören Keßlers Käse-Dunckes, dreierlei Frischkäse-Variationen, Grillbraten, Wildschinken, Schnitzel, Rumpsteak und Rieslingcreme mit Sahne für süße Leckermäulchen. Außerdem gibt es wechselnde Sommerspezialitäten, alles serviert von einem freundlichen Serviceteam.

WEINSTUBE »IM MESSWINGERT«
WEINGUT KLAUS-PETER KESSLER
HEIMATSTRASSE 18
65344 ELTVILLE-MARTINSTHAL
TEL. 06123/71235, FAX 75361

ENDE APRIL BIS ENDE SEPTEMBER
MIT ZU ERFRAGENDEN
WOCHENPAUSEN
MI-SA AB 17 UHR
SO, MO, DI RUHETAG

Tipp: Prof. Leo Gros, Chemiker, Weinauktionator, Buchautor

Kleines Eltviller Brauhaus

ELTVILLE

SELBST GEBRAUTES BIER

Niemand geringerer als Otto Binding selbst, ein Spross der Frankfurter Brauerfamilie, hatte 1984 in Eltville das »Kleine Brauhaus« eröffnet. Schon von außen kann man den kupfernen Sudkessel sehen und sich vorstellen, wie das Brauhaus-Bier aus Hopfen und Malz hier entsteht. Ein Stück

weiter hinter dem Sudhaus kommt man in einen herrlichen, schattigen Garten, in dem blanke Holztische rund 100 Gästen Platz bieten. Boris Goldmann lädt gemeinsam mit einem sehr netten Serviceteam zum Urlaub vom Alltag ein. Dass man alle Sorgen hier vergisst, dafür sorgt das schöne Ambiente unter dem Nussbaum, eine sehr gute, südlich geprägte Küche von Koch Carlos Angé mit frischem Fisch, Tapas und nach Vorbestellung auch einem ganzen Milchferkel. Dazu gibt es, und das nur hier, das hausgebraute, naturtrübe Bier von Braumeister Gerhard Finke. Zu bestimmten Jahreszeiten gibt es verschiedene Sonderbiere, so kann man im lauschigen Garten des Brauhauses im Frühling Maibock, Weizenbier im Sommer und an schönen Spätsommertagen auch noch das Herbstbier genießen.

KLEINES ELTVILLER BRAUHAUS
SCHWALBACHER STR. 41-43
65343 ELTVILLE AM RHEIN

TEL. 06123/2706, FAX 63812

TÄGLICH AB 17 UHR
SONN- UND FEIERTAGS AB 12 UHR
WWW.ELTVILLER-BRAUHAUS.COM
ZU JEDER JAHRESZEIT
DAS PASSENDE BIER

13

Gutsausschank
Gelbes Haus
ELTVILLE

TRAUMHAFTER TERRASSENBLICK

An die historische Eltviller Stadtmauer schmiegt sich die große, 80 Plätze bietende Terrasse des »Gelben Hauses« und nutzt den natürlichen Windschutz. Direkt über einem Weinberg sitzend, hat man von hier aus einen sehr schönen Blick auf den Rhein und die benachbarte Burg Crass. Dagmar Sinz und ihr Team sorgen seit über fünf Jahren in dem geschichtsträchtigen Gutsausschank der Eltviller Winzer- und Adelsfamilie Langwerth von Simmern mit freundlichem und aufmerksamem Service für ihre Gäste. Ganz unbestritten steht der Blick von der Terrasse im Mittelpunkt eines Besuches im »Gelben Haus«. Selbst

bei Regen und bis in den Oktober hinein kann man auf der mit einer Markise überdachten Terrasse wunderbar abschalten und genießen. Dafür bietet die Küche des Hauses viele Leckereien wie Schweinelende auf Feigen-Senfsauce mit Kartoffelplätzchen oder sechs verschiedene Salate, zum Beispiel mit Lammwürfeln und Olivenpesto. Hauseigene Weine aus dem gegenüber liegenden Langwerther Hof munden dazu hervorragend. Doch gerade im Sommer sollte man unbedingt reservieren, denn die Plätze auf der herrlichen Terrasse sind sehr gefragt und schnell ausgebucht.

GUTSAUSSCHANK »GELBES HAUS«
BURGSTRASSE 3
65343 ELTVILLE AM RHEIN
TEL. 06123/5170

MO-FR AB 17 UHR

SA, SO, FEIERTAG AB 11.30 UHR

EIN GANZ BESONDERER AUSBLICK

14

La Piazetta

ELTVILLE

SPAGHETTI
WIE BEI MAMA

Auf dem historischen Eltviller Marktplatz im Schatten eines Baumes und des fröhlich plätschernden Marktbrunnens teilen sich zwei Restaurants

und ein Café die äußerst begehrten Freiluftplätze auf der gepflasterten »Piazza«. Eines davon ist das italienische Restaurant »La Piazzetta«, das 24 Plätze auf dem Eltviller Markt anbietet. Mama Lucia und Papa Giovanni Verardi schwingen in dem traditio-

nellen Familienbetrieb den Kochlöffel. Während sich der Hausherr um die kulinarischen Schmankerl aus der echt italienischen Küche kümmert, sorgt Mama Lucia mit ihrem feurigen italienischen Temperament und gemeinsam mit ihren Kindern für einen soliden Service. Frischer Fisch ist neben vielfachen Pasta- und Pizzavariationen nur eine der Spezialitäten des mediterranen Hauses. Italienische und Rheingauer Weine runden die Angebotspalette ab.

RESTAURANT UND PIZZERIA
LA PIAZETTA
MARKTSTRASSE 3, 65343 ELTVILLE
TEL. 06123/81258

TÄGLICH 12-14.30 UHR
UND AB 17.30 UHR
MITTWOCH RUHETAG

ITALIENISCHES FLAIR
AUF DEM MARKTPLATZ

15

Restaurant Mykonos

ELTVILLE

GRIECHISCHER
WEIN

KIND & KEGEL

KÜCHE

PREIS

AMBIENTE

Eines der beiden Restaurants, die sich im Sommer den Platz am Brunnen auf dem historischen Eltviller Markt, mitten in der wundervollen Altstadt zwischen Fachwerkhäusern und Rosenstöcken, teilen, ist das griechische Restaurant »Mykonos«. Familie Andreou kümmert sich hier seit 25 Jahren mit echter griechischer Gastfreundschaft um das Wohl ihrer Gäste. An gemütlichen Tischen direkt unter dem schattigen Marktbaum kann man im Sommer bei griechischen Spezialitäten und den dazu passenden Weinen aus der Region und aus der Heimat der Andreous Erinnerungen an den letzten Griechenland-Urlaub wieder zum Leben erwecken. Zu den Spezialitäten aus der Küche von Mama Andreou, die hier selbst am Herd steht, während sich ihr Sohn um den Service für die Gäste kümmert, gehören der Auberginenauflauf und Leckeres vom Grill. Und selbstverständlich sind Kinder im Restaurant »Mykonos« stets herzlich willkommen.

RESTAURANT MYKONOS

AM MARKT 3

65343 ELTVILLE AM RHEIN

TEL. 06123/2488

DI-SO AB 12.00 UHR

SÜDLÄNDISCHE URLAUBSGEFÜHLE

Osteria
Piccolo Mondo
ELTVILLE

ITALIEN MITTEN IM RHEINGAU

SCHICK & SCHÖN

KÜCHE

PREIS

AMBIENTE

Lauschige und romantische Sommerabende, die wie ein Kurzurlaub in Italien sind, kann man auf der geräumigen Sommerterrasse in der Osteria »Piccolo Mondo« in Eltville genießen. Mit feiner italienischer Küche und mediterranem Ambiente verwöhnen hier Hausherr Luigi Anselmo und

sein Team seit 25 Jahren die Gäste. Vor allem frischer Fisch gehört zu den Spezialitäten des Hauses, aber auch die Salate und Desserts sind empfehlenswert. Das reichhaltige Angebot an Speisen und Getränken gibt es nicht in einer Karte, sondern jeden Tag frisch auf Tafeln geschrieben, die überall auf der Terrasse zu sehen sind und gleichzeitig als Sichtschutz dienen. Allein 60 edle französische, spanische, deutsche und italienische Weine bietet »Gino«, wie die Eltviller ihren Gastronomen liebevoll rufen. Auf der gemütlichen Sommerterrasse haben 50 Gäste Platz. Parkplätze gibt es direkt vor dem Haus, und sollte es einmal später werden als erwartet, gibt es auch die Möglichkeit der Übernachtung in gemütlichen Gastzimmern.

OSTERIA PICCOLO MONDO
SCHMITTSTRASSE 1
65343 ELTVILLE AM RHEIN
TEL. 06123/2124
FAX 06123/61 927
TÄGLICH VON 12-14.30
UND AB 18 UHR
DO RUHETAG
WWW.GINO-PICCOLO-MONDO.DE

ITALIENISCHER CHARME PUR

17

Café Zur Rheinhalle

ELTVILLE

KIND & KEGEL

KÜCHE

PREIS

AMBIENTE

Wie auf einem Ausflugsdampfer sitzt man in der Eltviller Rheinhalle direkt an einer Reling am Rheinufer. Nur ein Geländer trennt den Gast von den Fluten des mächtigen Stromes, wenn er auf der Terrasse des Ausflugs-lokals an der Anlegestelle der Köln-Düsseldorfer Dampfer die Passagier-

schiffe in aller Ruhe beim An- und Ablegen be-obachtet. Das Café »Zur Rhein-halle« bietet 80 Besuchern im Sommer unter großen weißen Schirmen ein herrliches Am-biente ganz nahe am Rhein, das man bei einem Glas Rheingauer Wein, frischgezapftem Bier oder Kaffee unbedingt einmal genießen sollte. Zur Rheinseite hin nehmen Schiffe, En-ten und Schwäne und vor allem das herrliche Schlösschen auf der Eltviller Aue den Blick des Gastes gefangen. Die andere Terrassenseite steht mit dem Anblick der altehrwürdi-gen kurfürstlichen Burg und dem herrlichen Rosengarten dem nicht nach. Aus der einfa-chen Küche bieten Dagmar Weidenfeller und ihr Team ein täglich wechselndes Angebot und Rheingauer Schmankerl wie Spundekäs und Wildsülze, aber auch knackige Salate, eine umfangreiche Eiskarte, Apfelstrudel und Kuchen.

CAFÉ ZUR RHEINHALLE

PLATZ VON MONTRICHARD 2

KÖLN-DÜSSELDORFER-ANLEGESTELLE

65343 ELTVILLE AM RHEIN

TEL. 06123/3052

TÄGLICH 11-20 UHR

(BEI SCHÖNEM WETTER AUCH LÄNGER)

RHEIN, BURG UND ROSEN IM BLICK

Gutsschänke Siebenmorgen

ELTVILLE

UNGARISCHE SPEZIALITÄTEN

Ganz versteckt liegt die Gutsschänke Siebenmorgen in den Weinbergen oberhalb des Eltviller »Wieswegs«. Ist man erst einmal unter der Brücke

der B 42 hindurch und dem Schild zur Gutsschänke gefolgt, sieht man nur noch Weinberge. Mittendrin liegt die kleine Terrasse des Gutsausschanks Siebenmorgen. Erst vor kurzem haben Dieter und Eva Engelmann hier das Regiment übernommen und laden auf ihrer Rebenterrasse zum Rheingauer Weinsommer ein. Rund 50 Gäste finden auf dieser etwas erhöht gelegenen sonnigen Terrasse Platz, die sogar über einen eigenen Weinstand verfügt. Wenn es zu heiß wird, gibt es große schattige Schirme, die für kühle Plätzchen sorgen. Dazu werden eisgekühlte Sekte und Weine wie der »Sommerwind-Secco« aus dem Weingut der Gebrüder Engelmann und schon mal ein feuriges ungarisches Gulasch aus der Küche der Hausherrin serviert. Eva Engelmann stammt nämlich aus Ungarn und deshalb gibt es immer wieder mal echte ungarische Spezialitäten im Gutsausschank Siebenmorgen. Wie etwa die legendären Käseplätzchen »Pogacsa«, die köstlich zum Wein passen. Aber auch Rheingauer Standards wie Spundekäs', Winzerweck oder ein leckerer Schafskäse in Bierteig werden angeboten. Für den großen Hunger gibt es Schnitzelspezialitäten und Rumpsteak.

GUTSSCHÄNKE SIEBENMORGEN
WIESWEG 17
65343 ELTVILLE
TEL. 06123/605 430

DI-SA AB 16 UHR
SO AB 11 UHR
MONTAG RUHETAG

UNGARISCHER PALATSCHINKEN UND
RHEINGAUER WEIN

19

Waldgaststätte Rausch

ELTVILLE

DAS LEBEN IST EIN FEST!

BEWAHRT & BÜRGERLICH

KÜCHE PREIS AMBIENTE

Mitten im Eltviller Stadtwald, nach rund zwei Kilometern Anfahrt über den Wiesweg, fühlt man sich nach Bayern versetzt, denn dort kann man unter weiß-blauen Fahnen im Biergarten der »Eltviller Rausch« in der prachtvollen Natur mit herrlichem Ausblick frische Luft atmen, zünftig Brotzeit halten,

den Alltag vergessen und die Umgebung genießen. »Do geht's eini« heißt ein Schild am Eingang willkommen, und echte bayerische Gemütlichkeit, verbunden mit Rheingauer Fröhlichkeit, und uriges Ambiente, das zum Wohlfühlen einlädt, erwarten die Gäste. Paul Wührer, der zusammen mit seiner Frau Silke der traditionsreichen Lokalität seit einigen Jahren wieder neues Leben eingehaucht hat, sorgt ganz persönlich mit Unterstützung seines Teams für ein breites kulinarisches Angebot an bayrischen, österreichischen und hessischen Spezialitäten. Große Portionen zu kleinen Preisen bietet die Waldgaststätte, vor allem Hax'n und das Wiener Schnitzel sind Dauerbrenner. 350 Plätze bietet der von schönen alten Bäumen beschattete Biergarten. Dazu gibt es eine große Wiese, die das Haus zum »Event-Marktplatz Freistaat Rausch« erklärt hat. Ganz nebenbei ist die »Rausch« auch Ausgangspunkt für Wanderungen im Rheingauer Wald, so dass man sich den richtigen Hunger und Durst erwandern kann.

WALDGASTSTÄTTE ELTVILLER RAUSCH
IM RAUSCHTAL
WIESWEG 93
65343 ELTVILLE AM RHEIN
TEL. 06123 / 4478, FAX 91075

MO-FR AB 15 UHR
SAMSTAG, SONN- & FEIERTAG
AB 11 UHR
WWW.RAUSCH-ELTVILLE.DE
FREISTAAT RAUSCH

Das Gasthaus »Zur Krone« am Eltviller Rheinufer kann auf eine lange Historie zurückblicken. Quasi als Beweis dafür beherbergt es ein Stück

Stadtmauer von 1332. 1687 wurde das Haus von Zimmermann Brechenschneider erbaut und über Jahrhunderte hinweg von »respektvollen Amtspersonen« bewohnt. Mitte des 18. Jahrhunderts wurde dem Haus das Schankrecht erteilt, das erste Gasthaus hieß noch »Zum Karpfen«, später dann wurde die »Krone« daraus, die Anfang des letzten Jahrhunderts als Künstlerklause weit über die Region hinaus bekannt war. Seit 1973 führt die Familie Winter den Gutsausschank, hat ihn mittlerweile gekauft und auch behutsam renoviert. Zwei Generationen und manchmal schon die dritte kümmern sich um das Wohl der Gäste. Mit Wein aus eigenem Anbau und gutbürgerlichen Gerichten aus der Küche von Agnes Winter können rund 50 Gäste auf der überdachten Sonnenterrasse mit herrlichem Blick auf die Eltviller Rheinuferpromenade mit den uralten Platanen und den Rosenstöcken und auf den imposanten Strom selbst in fröhlicher Runde gesellig zusammensitzen und Einkehr wie Ausschau halten.

GUTSAUSSCHANK »ZUR KRONE«
PLATZ VON MONTRICHARD 1
65343 ELTVILLE AM RHEIN

TEL. 06123/61 189
FAX 06123/61 263
GANZJÄHRIG MO-FR AB 16 UHR
SA AB 11.30, SO AB 10 UHR

AGNES' SPUNDEKÄS IST
HAUSSPEZIALITÄT

21

Weinschänke
Schloss Groenesteyn
KIEDRICH

BLICK AUF DIE BURG SCHARFENSTEIN

SCHICK & SCHÖN · KÜCHE · PREIS · AMBIENTE

Einen unvergleichlichen Blick auf die Kiedricher Weinberge und eines der berühmtesten historischen Gebäude der gotischen Weinbaugemeinde, die Burg Scharfenstein, bietet die einladend geschmackvoll eingerichtete Ter-

rasse der Weinschänke Schloss Groenesteyn. Windgeschützt durch berankte Mauern, können schon im Frühjahr und bis in den September etwa 90 Gäste feinste Weine genießen und dazu passende kulinarische Köstlichkeiten aus der Küche von Eric Elbert speisen. Schloss Groenesteyn kann auf eine lange Tradition als Weinschänke zurückblicken. Es wurde 1980 von der Familie von Ritter komplett renoviert und einige Zeit als Ausschank des eigenen Weingutes betrieben. 2000 übernahmen der gelernte Koch Eric Elbert und seine Frau Anne-Katrin die Weinschänke und offerieren seither eine gehobene, zum Wein passende Küche, die jahreszeitliche Spezialitäten und Kreationen wie die pikante Kürbisrahmsuppe, eine Steinpilzsülze mit Kürbisdipp und im Herbst einen Apfel-Sellerie-Salat bietet. Vorrätig sind erstklassige Rheingauer Weiß- und Rotweine aus den renommiertesten Weingütern, aber auch aus Frankreich und Italien.

WEINSCHÄNKE
SCHLOSS GROENESTEYN
OBERSTRASSE 36
65399 KIEDRICH
TEL. 06123/1533
FAX 06123/630824

TÄGLICH AB 17 UHR
MO UND DI RUHETAG
PFIFFIGE REGIONALE KÜCHE, DIE
ÜBER DEN TELLERRAND BLICKT

Tipp von Weinjournalist Ingo Swoboda

Zum Bur
KIEDRICH

WEIN &
SPUNDEKÄS'

KÜCHE

PREIS

AMBIENTE

Auf einer kleinen Hochterrasse mit exklusivem Blick auf die nahe gelegene und berühmte Kiedricher Valentinuskirche, die dem gotischen Weindorf

mit beeindruckender über 500-jähriger Geschichte den Beinamen gegeben hat, kann man »beim Bur« den Sommer genießen. Rundum durch alte Steinmauern geschützt, bietet die sonnige Terrasse mediterranes Ambiente, das durch blühende

Oleander und Trompetenbäume in Kübeln noch unterstützt wird. Richtige Urlaubsstimmung kommt dann auf, wenn man einen kühlen »Bursecco« im Glas hat und dazu eines der vielen köstlichen Schmankerl aus der Gutsküche auf dem Teller. Deftig geht es hier zu und echt rheingauerisch, wie »Eisboo in Aspik«, »Donnersdaachs Röstis«, gebackene Blutwurst mit gedünsteten Apfelscheiben, Hausmacher »Worscht« und der legendäre »Spundekäs« versprechen. Für ihre herzliche Gastlichkeit ist die Familie Bibo bis an die Nordseeküste bekannt und beliebt. Und auch die einheimischen Rheingauer kehren beim »Bur« gerne ein. Wer nicht nur auf der kleinen Terrasse mit rund 30 Plätzen den Rheingauer Sommer erleben will, kann nach Voranmeldung mit dem Hausherrn in dessen Kutsche in die Weinberge hinausfahren und dort an einer Weinprobe mitten im Wingert teilnehmen.

WEINGUT UND GUTSAUSSCHANK
»ZUM BUR«
OBERSTRASSE 3, 65399 KIEDRICH
TEL. 06123/5513
FAX 06123/3635
GANZJÄHRIG TÄGLICH AB 15 UHR
SO UND FEIERTAGE AB 11 UHR
DI UND MI RUHETAG
WWW.WEIN-BUR.DE

AACH WEIN ZU MACHE IS NE KUNST

Zum Scharfenstein

KIEDRICH

DIE SEELE BAUMELN LASSEN

Kiedrich gehört zu den schönsten Orten des Rheingaus und bietet viele Sehenswürdigkeiten wie die gotische, über 500 Jahre alte Valentinuskirche und die sagenumwobene Burgruine Scharfenstein. Nur wenige Schritte von

der Kirche entfernt lädt Karl-Heinz Barbeler in einen Gasthof mit Hotel und Restaurant, der auch den Namen »Zum Scharfenstein« trägt. Im Hof hinter dem Restaurant zur nächsten Straßenseite hin liegt ganz versteckt ein großer, sehr gemütlicher Biergarten, den eine riesige, uralte Linde mit ihren mächtigen Zweigen beschattet. Hier kann man in den Sommermonaten fernab aller Hektik des Alltags so richtig die Seele baumeln lassen. Die gemütlichen Tische unter dem schattigen Bäumen des Biergartens sind abends mit bunten Lämpchen beleuchtet und laden geradezu zu geselligen Runden mit Freunden ein. Rund 100 Besucher können im Biergarten des Restaurants »Zum Scharfenstein« Platz finden und aus einer reichhaltigen Karte mit vie-

ZUM SCHARFENSTEIN
OBERSTRASSE 8
65399 KIEDRICH

TEL. 06123/3308 UND 90560
FAX 06123/905610
TAGLICH AB 17 UHR
SO UND FEIERTAGE AB 10 UHR
DIENSTAG RUHETAG
WWW.WEINHAUS-SCHARFENSTEIN.DE
UNTER DER SCHATTIGEN LINDE DEN
SOMMER FEIERN

len Wildspezialitäten und mehreren verschiedenen Schnitzel- und Rumpsteakvariationen wählen. Hausherr Karl-Heinz Barbeler steht selbst am Herd. Ob Hirschgulasch oder Balkanschnitzel, Saisonschmankerl wie frische Pfifferling- oder Spargelgerichte, dazu schmeckt ein kühles, am Servicestand im Biergarten frisch Gezapftes oder ein guter Rheingauer Wein.

Zum Wibbes

KIEDRICH

RHEINGAUER GEMÜTLICHKEIT
BEIM BÜRGERMEISTER

WEIN & SPUNDEKÄS' KÜCHE PREIS AMBIENTE

Winfried Steinmacher ist in Kiedrich nur als »de Wibbes« bekannt und ein echter Tausendsassa, Feuerwehrmann und aktives Vorstandsmitglied in

fast allen Vereinen der kleinen Gemeinde und außerdem ihr Bürgermeister. Dies alles managt der freundliche Winzer, der 1992 – in jungen Jahren – den kleinen Weinbaubetrieb seiner Familie übernahm und gemeinsam mit seiner Frau Elke auch den Gutsausschank bewirtschaftet. 1983 hatte Familie Steinmacher das Wohnzimmer ausgeräumt und zum ersten Mal »gezappt«. Inzwischen kann man auf der überrankten Terrasse den guten Wein des Hauses zu deftigen Rheingauer Schmankerln aus der Küche der einst zur Weinkönigin gekürten Gutsherrin probieren. Die Speisekarte lässt keine Wünsche offen, denn vom Handkäs mit Musik über Spundekäs und Spießbratenbrötchen bis zum deftigen Schweinsteak oder Schnitzel gibt es für jeden Gast das Richtige. Weinproben mit Ortsführungen, Weinbergsführungen und Kellerführungen ergänzen das Angebot. Und wenn »Wibbes« da ist, werden auch noch Fragen zum Weinbau beantwortet.

Tipp der SPD-Landtagsabgeordneten
Christel Hoffmann

GUTSAUSSCHANK »ZUM WIBBES«
ELTVILLER STRASSE 39
65399 KIEDRICH
TEL. 06123/630 313
FAX 06123/4790
FR UND SA AB 16 UHR
SO AB 15 UHR

WWW.WIBBES.DE

FAST WIE ZU HAUSE BEI MUTTERN **25**

Antoniushof

RAUENTHAL

HESSEN
À LA CARTE

WEIN &
SPUNDEKÁS'

KÜCHE

PREIS

AMBIENTE

Im Schatten des über 300 Jahre alten Fachwerkhauses lädt der Antoniushof in Rauenthal zu echter Rheingauer Gemütlichkeit. Der 1682 erbaute
Antoniushof ist seit 1725 im Besitz der Familie Russler. Mit der Schieferver-
kleidung des Hauses im Rücken, die mit ihrer Wärme auch noch im Herbst

für angenehme
Temperaturen
sorgt, kann man
in gemütlich-
rustikalem Am-
biente Rhein-
gauer Wein
vom Erzeuger
verkosten und
dazu Gerichte
aus der Gutskü-
che genießen.
Familiäre Gast-
freundschaft
und geselliges

Beisammensein sind im Antoniushof an der Tagesordnung. 55 Sitzplätze
bietet das Restaurant, 45 weitere gibt es in dem Hofgarten, den eine mäch-

ANTONIUSHOF
ANTONIUSGASSE 11
65345 ELTVILLE-RAUENTHAL
TEL. 06123/71 608
FAX 06123/73 859
WERKTAGS AB 15.30 UHR
SO UND FEIERTAG AB 12 UHR
MO UND DI RUHETAG

GEMÜTLICH IM GARTEN DES
FACHWERKHAUSES

tige Birke beschattet. Der Antoniushof ist Mitglied der Koope-
ration »Hessen à la carte« und
bietet Spezialitäten für Fein-
schmecker ebenso wie boden-
ständige Gerichte aus der hessischen Küche. Dazu gibt es
prämierte Gutsweine aus Rauenthaler Spitzenlagen, die die
Familie Russler mit der Erfah-
rung aus zehn Generationen
Weinbau erzeugt.

Gutsschänke Langehof
RAUENTHAL
IM LANGE HOF

WEIN & SPUNDEKÄS'

KÜCHE

PREIS

AMBIENTE

Zu den ältesten Gebäuden in Rauenthal gehört der traditionsreiche »Langehof«, dessen Hofform dem Gut seinen Namen gab und in dem seit Anfang

des letzten Jahrhunderts Weinbau betrieben wird. Zwischen 1904 und 1906 begann der Urgroßvater des heutigen Inhabers Matthias Klein neben der Landwirtschaft mit dem Weinbau.

Klein hat den »Langehof« zum Gutsausschank umgebaut und damit die Tradition des mit Wein verbundenen Hauses fortgesetzt. Gastfreundschaft und hervorragenden Service finden die Gäste hier auf der schönen, begrünten Hofterrasse, im Wintergarten oder natürlich im »Langehof« zu einer für eine Gutsschänke beachtlichen Karte. Vom Wein aus eigenem Haus – die Weinberge in allen Rauenthaler Lagen bewirtschaftet der Schwager vom Weingut Laquai aus Lorch – über frisch gezapftes Weizenbier, Rheingauer Vesperspezialitäten wie Spundekäs und Wingertsknorze bis hin zu Wildsülze und Wildteller reicht die Auswahl. Dazu gibt es regelmäßig wechselnde Kunstausstellungen mit namhaften regionalen und überregionalen Künstlern.

GUTSSCHÄNKE LANGEHOF
MARTINSTHALER STRASSE 4
65345 ELTVILLE-RAUENTHAL
TEL. 06123/74218, FAX 992876
DI BIS FR AB 16 UHR
SA AB 15 UHR
SO UND FEIERTAG AB 12 UHR
MONTAG RUHETAG
WWW.LANGEHOF.DE
GUTSSCHÄNKE MIT DEM JUNGEN
RHEINGAUER CHARME

Im Baiken

RAUENTHAL

STAATLICH
STATTLICH GENIESSEN

WEIN & SPUNDEKÄS'

KÜCHE

PREIS

AMBIENTE

Das Domänenweingut Rauenthal ist der jüngste Betrieb der hessischen Staatsweingüter, der aber auch schon seit mehr als hundert Jahren zur Domäne gehört. Als 1896 eine Beerenauslese aus der Rauenthaler Lage Baiken in Paris die Goldmedaille errungen hatte, wuchs in den preußischen

Amtsstuben die Begehrlichkeit. Dennoch brauchte es vier Jahre, bis die Königlich Preußische Regierung in den Besitz hochwertiger Lagen im Rauenthaler Berg unterhalb der Bubenhäuser Höhe gelangen konnte. Nicht ganz so leicht zu finden, dafür aber mehr als lohnend ist der

Weg in die Wingerte bergan, rechts ab vom Wiesweg in Eltville. Eine wundervolle, zum Teil überdachte Terrasse mit Garten und toller Aussicht bietet 90 Plätze, 40 sonnige Sitzplätze erwarten die Gäste im romantischen Hof. Stefan Seyffardt, dessen Urgroßvater Jakob Diefenhardt schon vor 100 Jahren Domänenverwalter war, und seine Frau Andrea kredenzen den Gästen exklusive Weine aus den Rheingauer Staatsweingütern und originelle Gerichte wie das Zisterzienserbrot (warmer Hackbraten mit Pflaumen) oder Rieslinglasagne. »Das Leben ist zu kurz, um schlechte Weine zu trinken« lautet das Motto im Baiken.

HESSISCHE STAATSWEINGÜTER GMBH
STAATSDOMAINE RAUENTHAL
IM BAIKEN
WIESWEG
65343 ELTVILLE AM RHEIN
TEL. 06123/900345, FAX 900778
DI-SA 17-23 UHR, SO UND
FEIERTAG 16-23 UHR, MO RUHETAG
WWW.BAIKEN.DE
MITTEN IN DEN WEINBERGEN DAS
LEBEN GENIESSEN

Tipp von Bundesverteidigungsminister Dr. Franz-Josef Jung

Detlev Ritter und Edler von Oetinger

ERBACH

IN DER REBENLAUBE ZECHEN

KIND & KEGEL KÜCHE PREIS AMBIENTE

Weinbau hat in der Familie von Oetinger seit dem 17. Jahrhundert Tradition. 1958 wurde das ursprüngliche Weingut unter zwei Brüdern aufgeteilt. Robert

von Oetinger setzte 1966 den Grundstein für das heutige Weingut und den Gutsausschank Detlev von Oetinger, der in Frhach aber vor allem unter dem Namen »Zum jungen Oetinger«

bekannt wurde. Der junge Kellermeister Achim von Oetinger und seine Mutter Erika verwöhnen im großen Garten des Gutsausschankes die Gäste im Sommer mit frischen, spritzigen Weinen und einer guten, bürgerlichen Gutsküche. Ein junges, freundliches Serviceteam kümmert sich um die Gäste, die unter einer dicht verwachsenen Rebenlaube im romantischen Weingarten Platz finden können. 180 Plätze bietet der nach Süden zum Rhein hin gelegene Garten und viele lauschige Schattenplätze unter schönen Linden, Platanen und Rotbuchen. Zu den Hausspezialitäten gehören verschiedene Flammkuchen, Frankfurter »Grie' Soß« mit Eiern und Wildsülze. Für Kinder gibt es einen großen Spielplatz in Sichtnähe am Ende des Obstgartens.

GUTSAUSSCHANK
DETLEV RITTER UND
EDLER VON OETINGER
RHEINALLEE 1–3
65346 ELTVILLE-ERBACH
TEL. 06123/62528, FAX 62691
MO-FR AB 14.30 UHR
SA UND SO AB 11 UHR
DI RUHETAG

Maximilianshof

ERBACH

AUSBLICK
VOM TÜRMCHEN

WEIN &
SPUNDEKÄS'

KÜCHE

PREIS

AMBIENTE

Zu den ältesten Weingütern im Rheingau zählt der Maximilianshof in Erbach. 1828 erwarb August Joseph Ludwig Freyherr von Oetinger den bereits im 16. Jahrhundert erbauten Adelshof. Direkt am Rhein gelegen kann man hier in einem wunderschönen Garten mit uralten Apfelbäumen und

Kastanien den Alltag ganz vergessen. Schon im Frühling und noch im späten Herbst locken die geschützten Plätze an der sonnenwarmen Gutsmauer. Den schönsten Blick hat man vom »Türmchen« aus, wo man in trauter Zweisamkeit flirten oder in lustiger Runde gesellig feiern kann. Ganz hoch oben auf der Mauer lockt diese kleine »Extra-Terrasse« mit nur einem Tisch. Bei prallem Sonnenschein sind jedoch eher die lauschigen Tische unter den schattigen Bäumen im Garten begehrt. In sechster Generation bewirten der Winzer Christoph von Oetinger und seine Frau Heike den Gutsausschank mit Hotel. Während der Hausherr sich für die Weine – selbstverständlich alle aus eigenem Anbau – verantwortlich zeigt, schwingt Heike von Oetinger den Kochlöffel und bietet edle Köstlichkeiten wie Spießbraten mit Weinzwiebeln und Winzergulasch aus der Gutsküche. Außerdem gibt es wechselnde Tagesgerichte.

MAXIMILIANSHOF
RHEINALLEE 2
65346 ELTVILLE-ERBACH
TEL. 06123/9224-0
FAX 06123/9224-25
DI-FR 14.30 UHR
SA UND SO 11 UHR

WWW.MAXIMILIANSHOF.DE

WEITLÄUFIGER, SCHÖNER GARTEN

Schloss-Schänke

ERBACH

AUSSCHANK IM SCHLOSSHOF

SCHICK & SCHÖN

KÜCHE

PREIS

AMBIENTE

In riesigen Holzfässern wachsen üppige Grünpflanzen, die die Schloss-Schänke im Weingut Schloss Reinhartshausen in Erbach umsäumen. Hier

im lauschigen Hof, in direkter Nachbarschaft zum exklusiven Schlosshotel, kann der Weinfreund auch rustikaler zechen und schlemmen. Inhaber Michael Balzer lädt mit einem freundlichen jungen Team im Sommer zu edlen Genüssen an urigen Holztischen mit rotkarierten Decken und Schatten spendenden Schirmen. Die Kübelpflanzen unterteilen den Weingarten der Schloß-Schänke in gemütliche Nischen. Die Küche bietet alles, was der Magen begehrt. Die Weinkarte hält die edelsten Genüsse des Weingutes der Prinzen von Preußen und exklusiv den Inselwein von der Mariannenaue bereit. Neben den köstlichen Rebensäften gibt es ein gepflegtes Bier, Kaffee und Süßes aus der Schänken-Konditorei. Wer will, ist schon zum Frühstück willkommen, kann sommerliche Salate genießen oder kleine Rheingauer Köstlichkeiten. Ein Klassiker ist die gebackene Fleischwurst, und manchmal wird auch gegrillt.

Tipp: Kathrin Schwedler, künstlerische Leiterin der ›Brentanoscheune‹

SCHLOSS-SCHÄNKE
IM WEINGUT SCHLOSS
REINHARTSHAUSEN
HAUPTSTRASSE 41
65346 ELTVILLE-ERBACH
TEL. 06123/676 446
FAX 06123/7933-82
MO-FR 17-24 UHR
SA, SO, FEIERTAG 11-24 UHR

FLAMMKUCHEN UND INSELWEIN

31

Zu einem der schönsten Häuser des Rheingaus gehört ganz unbestritten das Erbacher Schloss Reinhartshausen, dass 1801 erbaut und 1855 von Prinzessin Marianne zu Preußen erworben wurde. Die »Prinzess«, wie die Erbacher sie heute noch liebevoll nennen, war eine ungewöhnliche und in mancher Hinsicht unkonventionelle und fortschrittlich denkende Frau, die aus ihrem Schloss einen kulturellen Anziehungspunkt am Rhein machte.

Über 600 Gemälde gehörten zu ihrer Kunstsammlung, von denen noch heute einige im Schloss Reinhartshausen zu sehen sind. Von jeher war Gastfreundschaft im Schloss Tradition, Prinzessin Marianne beherbergte zahlreiche Gäste und junge Künstler. 1902 wurde ihr zu Ehren die Rheinaue bei Erbach zur Mariannenaue umbenannt. Von 1987 bis 1991 wurde das heutige Hotel aufwändig restauriert und um einen Westflügel erweitert. Seit einigen Jahren ist das Haus eines der »Leading Small Hotels of the World« und wird von Kempinski geführt. Gleich drei große Sandsteinterrassen und einen herrlichen Wintergarten haben Restaurant und Bar des 5-Sterne-Hotels zu bieten. Die vielfältigen kulinarischen Angebote und der Service sind selbstverständlich vom Feinsten. Unbedingt die Rieslingtorte probieren!

SCHLOSS REINHARTSHAUSEN
KEMPINSIKI
HAUPTSTRASSE 41
65346 ELTVILLE-ERBACH

TEL. 06123/6760
FAX 06123/676400

WWW.SCHLOSS-HOTEL.DE
RESTAURANT WINTERGARTEN
TÄGLICH GEÖFFNET

Weinhof Martin

ERBACH

GENUSS
IM WEINBERG

KIND & KEGEL KÜCHE PREIS AMBIENTE

Im lauschigen Weinhof Martin am Ortsrand von Erbach sitzt man direkt an den Weinbergen, aus denen die Tropfen stammen, die man im Glas vor

sich hat. Drei Generationen leben und wirken im Weinhof Martin unter einem Dach. Zwar hat Oma Else sich inzwischen auf das verdiente Altenteil zurückgezogen, hält aber mit Elan die Stellung, wenn »die Jungen« mal nicht im Haus sein sollten. Nehen den beiden Winzermeistern Jutta und Günter Martin sind Tochter Tanja und Sohn Michael, der hauptberuflich in einem renommierten Ingelheimer Weingut beschäftigt ist, ebenfalls im Weinberg und Ausschank fleißig bei der Sache. Im blumengeschmückten Innenhof des ausgesiedelten Weingutes lässt es sich unter schattigen Schirmen am kleinen Teich gut zechen und schlemmen. Vor allem sind hier auch Kinder sehr willkommen, können mit Meerschweinchen schmusen und im Sandkasten spielen. Und sollte es regnen, kann man schnell in den rebenüberdachten Wintergarten ausweichen. »Ob beim Esse oder Wei, für jeden Geschmack is was debei« lautet das Motto im Weinhof Martin. Die Weinkarte umfasst das gesamte Angebot des Weingutes und eine Raritätenliste mit Schatzkammerweinen. Dazu gibt es regionale Spezialitäten aus der Gutsküche, die von hausgemachter Bratwurst über Spundekäs' bis hin zu Toastspezialitäten, Martins Maxischnitzeln und Fitnesssalaten reichen.

WEINHOF MARTIN
BACHHÖLLER WEG 4
65346 ELTVILLE-ERBACH
TEL. 06123/62 856
FAX 06123/81 115
VON KARFREITAG BIS SEPTEMBER
DI-FR AB 16 UHR
SA, SO AB 15 UHR
RUHETAGE MO UND DO
WWW.WEINHOF-MARTIN.DE
IN WEINFROHER RUNDE GENIESSEN

33

Zur Traube
ERBACH

Das Gasthaus »Zur Traube« in Erbach bietet seit 50 Jahren Rheingauer Gastfreundschaft, die vor allem auch die Einheimischen sehr zu schätzen wissen. Seit einem halben Jahrhundert fest in der Hand der Familie Kohlhaas, gibt es hier gutbürgerliche Küche, Rheingauer Schmankerl, frischen

Fisch und jeden Sonntag eine wechselnde Saisonkarte. Die Chefin Annelore Kohlhaas steht hier selbst am Herd und garantiert frische Zubereitung aus heimischen Zutaten. Im Sommer kann man das alles in einem schattig kühlen Innenhof genießen, den die Familie Kohlhaas sehr liebevoll gestaltet hat. Eine große Platane wirft ihren Schatten über fast alle Tische, an denen rund 80 Gäste Platz finden. Außerdem gibt es große Sonnenschirme und den plätschernden Brunnen. Zu zehn verschiedenen Sorten Schnitzel und guten Erbacher Weinen gibt es Vogelgezwitscher gratis, denn der Innenhof hat auch eine große Voliere mit exotischen Vögeln, was vor allem die Kinder immer wieder begeistert, die hier sehr herzlich willkommen sind. Der Service liegt in der Hand von Tochter Conny Kohlhaas, die sich freundlich um die Wünsche der Gäste kümmert.

WEINHAUS »ZUR TRAUBE«
FRANSECKYSTRASSE 2
65346 ELTVILLE-ERBACH

TEL. 06123/62643

DI-SA AB 15.30 UHR
SO 11.30-14.30 UHR
MONTAG RUHETAG

FAMILIÄRE ATMOSPHÄRE

Beim Elsje

HATTENHEIM

GANZ NEUER
WINZERHOF

KIND & KEGEL KÜCHE PREIS AMBIENTE

Edelstahllaternen, ein Brunnen, blühende Kübelpflanzen, eine Kastanie und

ein duftender Kräutergarten zieren den Winzerhof des urigen Gutsausschanks »Beim Elsje« in der Hattenheimer Neustraße. Der junge Hattenheimer Kai Schuh und seine aus Belgien stammende Frau Elsje haben den Gutsauschank im Dezember 2004 erst eröffnet. Im folgenden Sommer wurde dann der großzügige Innenhof des gemütlichen Lokals zum Winzergarten umgebaut. An schönen Holztischen können rund 85 Gäste hier Rheingauer Lebensfreude pur genießen. Dafür sorgen nicht zuletzt die ausgesuchten Weine namhafter Hattenheimer Winzer wie auch die schmackhafte und deftige Hausmannskost. Berühmt ist »Elsje« für ihre Rumpsteaks, die mehr als nur munden. Täglich gibt es wechselnde Hausspezialitäten, freitags Fisch. Ein großer Pluspunkt für junge Eltern, die auch mal gerne in Ruhe genießen wollen, ist der hauseigene, neu angelegte Spielplatz für die Sprösslinge.

GUTSAUSSCHANK »BEIM ELSJE«
NEUSTRASSE 3
65347 ELTVILLE-HATTENHEIM
TEL. 06723/1022

TÄGLICH AB 15 UHR GEÖFFNET
SO AB 11.30 UHR
MO-DI RUHETAG
OKTOBER BIS MÄRZ GESCHLOSSEN

KINDERFREUNDLICH

Brückenschänke

HATTENHEIM

VOM FAHRKARTENSCHALTER ZUM
AUSFLUGSLOKAL

BEWÄHRT & BÜRGERLICH

KÜCHE

PREIS

AMBIENTE

Nur die Kaimauer der kleinen Schiffsrampe, an der Hobbymatrosen im Sommer ihre kleinen Boote ins Wasser lassen, trennt die Brückenschänke in Hattenheim von den Fluten des Rheines. Hoch oben auf dieser Kaimauer thronen die Gäste des beliebten Ausflugslokales im Sommer unter der

schattigen, über fünfzig Jahre alten Trauerweide auf der großen Terrasse. Über 200 Plätze bietet der weitläufige Garten rund um die Brückenschänke, an allen Seiten begrenzt vom Rhein. 1925 hatte der Großvater der heutigen Besitzerin Uta Philipp als Gemeindediener der Gemeinde Hattenheim hier Fahrkarten für die Dampfschiffe verkauft. Seine Frau begann dann irgendwann, Erfrischungsgetränke und kleine Speisen an die Reisenden zu verkaufen, was sich bei den Ausflüglern schnell herumsprach. Heute ist der einstige »Verladebahnhof« einer richtigen Gaststätte

BRÜCKENSCHÄNKE
AM HATTENHEIMER RHEINUFER
AUWEG 2-4
65347 ELTVILLE-HATTENHEIM
TEL. 06723/2827. FAX 2827
MÄRZ BIS OKTOBER
AB 1. MAI AB 8 UHR MORGENS
WWW.E-PHILIPP.COM

KAFFEE UND KUCHEN
DIREKT AM RHEIN

gewichen, deren schönste Plätze ganz unbestritten im Sommer auf der Terrasse am Rhein zu finden sind. Erich und Uta Philipp bekochen ihre Gäste selbst, zu den Spezialitäten gehören Wildgerichte aus der eigenen Jagd des Hausherrn. Mit Sohn Sven, der für den Service zuständig ist, wächst bereits die vierte Generation des Familienbetriebes heran.

Tannenhof

HALLGARTEN

IN RUHE
GENIESSEN

Vor über 20 Jahren eröffnete die Winzerfamilie Stettler in der Eberbacher Straße in Hallgarten ihren beliebten Gutsausschank »Tannenhof«. Im Sommer lädt hier der herrlich romantische, mit vielen blühenden Blumen schön

bepflanzte Innenhof des Weingutes zum gemütlichen Verweilen ein. Gäste aus Hallgarten, dem Rheingau und aus dem ganzen Rhein-Main-Gebiet kommen immer wieder gerne hierher und schätzen nicht nur den köstlichen Wein von Winzer Hermann-Josef Stettler und den guten Service, den Ehefrau Leni leitet, sondern auch die kulinarischen Leckereien aus der Gutsküche, für die der Tannenhof bekannt ist. Vom hausgemachten Handkäs' über Schweinshaxe und Schnitzel bis hin zur Wildsülze und zu frischen Saisonspezialitäten reicht die umfangreiche Speisekarte. Dass es passend zu den Speisen Weine jeder Qualitätsstufe und für alle Geschmäcker gibt, ist im Gutsausschank Tannenhof selbstverständlich. Erstklassige Weine aus namhaften Oestricher und Hallgartener Weinlagen, wie Hallgartener Jungfer und Oestricher Lenchen, bietet der Gutsausschank seinen Gästen.

GUTSAUSSCHANK TANNENHOF
EBERBACHER STRASSE 4
65375 OESTRICH
WINKEL/HALLGARTEN
TEL. 06723/4594
FAX 06723/7887
MI-FR AB 17 UHR
SA AB 15 UHR
SO-DI RUHETAG

SCHÖN BEPFLANZTER WINZERHOF   **39**

Zum Rebhang

HALLGARTEN

NATUR
PUR

Malerisch hoch über Hallgarten liegt das Hotel-Restaurant »Zum Rebhang« am Rand der Siedlung Rebhang. Schon von weitem ist das von der Familie Bocks seit 14 Jahren mit freundlichem Service geführte Haus zu sehen. Oben angekommen bietet das Restaurant einen wunderbaren Panorama-

Blick auf die sanften Rebenhänge der kleinen Weinbaugemeinden Hallgarten und Hattenheim, die angrenzenden Wälder des Taunus und den Lauf des Rheins. Noch schöner ist dieser Blick im Sommer von der gerade ganz neu gestalteten Terrasse. Blumengeschmückte Teakholztische schaffen mediterranes Flair, das die Küche von Seniorchef Karl Bocks noch unterstreicht. Der jeweiligen Saison entsprechend kreiert er leckere Gerichte wie Lauchcremesüppchen, Schneckenpfännchen, Tafelspitz in Rotweinsauce mit Schmorgemüse oder Hirschrückensteak in Pfeffersauce mit flambierten Kirschen, zum Dessert Grand-Marnier-Parfait. Dazu gibt es Rheingauer Weine vom Feinsten, serviert vom gastfreundlichen Juniorchef Christof Bocks persönlich.

HOTEL-RESTAURANT
ZUM REBHANG
REBHANGSTRASSE 53
63575 OESTRICH-
WINKEL/HALLGARTEN
TEL. 06723/2166, FAX 06723/1813
TÄGLICH AB 11 UHR WARME KÜCHE
12-14 U. 18-21.30 UHR
DO RUHETAG
WWW.HOTEL-ZUM-REBHANG.DE
WUNDERBARER PANORAMABLICK

Grüner Baum

OESTRICH

TRADITION
UND MODERNE

SCHICK & SCHÖN KÜCHE PREIS AMBIENTE

Der »Grüne Baum« ist eine Gaststätte mitten im Herzen von Oestrich, die seit Jahrzehnten Tradition hat. 1993 hat der Rheingauer Koch Norbert Kilzer den

Familienbetrieb übernommen und verwöhnt seine Gäste hier mit kulinarischen Spitzenleistungen. Kilzer hat sein Handwerk von der Pike auf in namhaften Häusern im Rheingau erlernt. In seiner bodenständigen Küche werden frische, regionale Produkte verarbeitet. Carpaccio vom Rind, Flammkuchen zum Wein sind ebenso zu haben wie Hirschfrikadellen, Lammkoteletts und Rehmedaillons, zum Dessert lockt Panna Cotta oder Rheingauer Rote Grütze. Je nach Saison stehen frische heimische Spezialitäten wie Spargel im Frühling und Pilze im Herbst auf der Karte. Dazu bietet Kilzer erstklassige Rheingauer Weine und gepflegte Biere. Ehefrau Kerstin kümmert sich um den Service in dem traditionsreichen Haus. Neben einer gemütlichen Gaststube und einem mit antiken Möbeln eingerichteten separaten Veranstaltungsraum gibt es auch einen mit Grünpflanzen eingewachsenen, lauschigen Hof mit einem Rebendach, in dem man im Sommer laue Abende genießen kann. Mit dezenten Leuchten ins rechte Licht getaucht, darf es hier unter dem schattigen grünen Sonnenschutz gerne auch mal etwas später werden.

BIER- UND WEINSTUBE
GRÜNER BAUM
RHEINGAUSTRASSE 45
65375 OESTRICH-WINKEL
TEL. 06723/1620
FAX 06723/8343
TÄGLICH 11.30 BIS 14 UHR
UND AB 17.30 UHR
DO RUHETAG
SCHÖNER SCHATTENPLATZ AN
HEISSEN SOMMERTAGEN

41

Gutsausschank
Berthold Th. Kunz
OESTRICH
TREUEPUNKTE SAMMELN

Mitten im Oestricher Ortskern, nur wenige hundert Meter vom Rheinufer und dem historischen Weinverladekran entfernt, liegt an der Kreuzung Rheingaustraße/Gartenstraße die Gutsschänke des traditionsreichen Weingutes Berthold Kunz. Seit August 2003 hat die Tochter des Hauses, Beate

Schäfer, die Leitung übernommen. Bei schönem Wetter kann man hier im Schatten des alten Kelterhauses aus dem 18. Jahrhundert zwischen Trompeten- und Oleanderbäumen im Hof alte und junge Rieslingweine aus den Weingütern der Familie genießen. Auch Rotweine und Rosé sind im Angebot, und aus der Winzerküche kommen frisch gemahlenes Rindertartar, deutsches Beefsteak, verschiedene Schnitzel, Toasts, hausgemachte Suppen, Spundekäs und Salatteller auf den Tisch. Als Aperitif empfiehlt sich ein Gläschen Riesling-Sekt, und nach der Vesper mag ein alter Weinhefe-Brand folgen. Treue Kunden können Punkte sammeln und damit eine Flasche Wein ergattern.

GUTSAUSSCHANK
BERTHOLD TH. KUNZ
RHEINGAUSTRASSE 5
EINGANG GARTENSTRASSE
65375 OESTRICH-WINKEL
TEL. 06723-3555
FAX 06723-601 716
DO-SA AB 16 UHR
SO AB 15 UHR

Weingut Kaspar Herke

OESTRICH

SCHLEMMEN IM GUTSHOF UND
IM WEINBERG

WEIN &
SPUNDEKÄS'

KÜCHE

PREIS

AMBIENTE

Das Weingut Kaspar Herke in der Oestricher Langenhoffstraße macht schon von weitem mit dichtem Weinlaub über dem Eingang zum Gutshof auf sich

aufmerksam. Der lauschige Hof verführt dann auch dazu, mit dem Eintritt in das Weingut alle Alltagshektik einfach draußen zu lassen und sich hier ganz der berühmten Rheingauer Gemütlichkeit hinzugeben. Rund 80 schattige Plätzchen in dem schönen, von der Sonne verwöhnten Hof bietet Winzer Franz Herke hier

seinen Gästen, die Kinder dürfen auf dem hauseigenen Spielplatz toben und spielen. Ganz lauschig zwischen Reben und vielen schönen Kübelpflanzen kann man hier die lauen Sommernächte herrlich genießen. Dazu bietet Franz Herke erstklassige Weine, die auch die Zungen vieler einheimischer Gäste immer wieder überzeugen. Das südländische Flair, das in dem romantischen Gutshof Urlaubsstimmung aufkommen lässt, setzt sich in der Speisekarte fort, denn Köstlichkeiten wie der überbackene Schafskäse auf Ratatouille oder die Antipasti aus der Gutsküche lassen das Wasser im Munde zusammenlaufen. An manchen Wochenenden greift der Hausherr dann auch noch in die Saiten, um mit den Trinkliedern von Carl Michael Bellmann den Sommerabend richtig perfekt zu machen. Wer möchte, kann mit dem Winzer in der Kutsche auch in die hauseigenen Weinberge fahren und den Wein probieren, der dort wächst, oder gar mitten in den Weinbergen auf einem herrlichen Aussichtsplateau mit Freunden schlemmen und feiern.

WEINGUT KASPAR HERKE
LANGENHOFFSTRASSE 4
65375 OESTRICH-WINKEL
TEL. 06723/3440, FAX 4310
1. MAI BIS ENDE OKTOBER
TÄGLICH AB 17 UHR
SA, SO UND FEIERTAG AB 15 UHR
DI UND MI RUHETAG
WWW.WEINGUT-KASPAR-HERKE.DE

PROBIERTHEKE UND HOFFESTE

Gutsausschank Vinum

OESTRICH

GASTFREUNDSCHAFT VERPFLICHTET

Seit 1710 ist das Weingut Lorenz H. Kunz im Familienbesitz, und Weinbau und Gastfreundschaft sind hier nicht nur gute Tradition, der Winzermeister und seine Familie sehen es auch als eine schöne Verpflichtung an. Rund acht Hektar Rebfläche hat das Weingut, das seit 1989 Mitglied der Charta Weingüter ist. Win-

zermeister Kunz zeichnet für den Weinbau verant-wortlich, im heimi-schen Gutsaus-schank »Vinum« kann man die köstlichen Reben-säfte zu leckeren Schmankerl aus der Gutsküche ver-kosten. Bratwurst mit Bärlauch, ver-schiedene Schnitzelspezialitäten und auch schon mal ein Rumpsteak, leckere Saisongerichte aus frischen, heimischen Zutaten bietet die Familie Kunz im Sommer nicht nur in ihrem neu erbauten Gutsausausschank, son-dern auch im romantischen Innenhof des Weingutes an rustikalen Holztischen unter Weinranken. Gemütlich kann man hier in der Sonne sitzen und selbst im Herbst noch die letzten Sonnenstrahlen in einer Ecke an der Hauswand genießen. Rund 70 Freiluftplät-ze bietet der Gutsausschank Vinum im Sommer und beim Hoffest auch noch Live-Musik.

GUTSAUSSCHANK VINUM
IM WEINGUT LORENZ KUNZ
RHEINGAUSTRASSE 74
65375 OESTRICH-WINKEL
TEL. 06723/4522, FAX 88 233
MÄRZ BIS NOVEMBER (AUSSER JULI)
TÄGLICH AB 16 UHR, SO UND
FEIERTAG AB 15 UHR, MI RUHETAG
WWW.WEINGUT-LORENZ-KUNZ.DE
DAS GUT IST DIE KEIMZELLE
GROSSER WEINE

Gutsschänke
Weingut Faust
OESTRICH

SPIELPLATZ IM OBSTGARTEN

KIND & KEGEL

KÜCHE

PREIS

AMBIENTE

Ganz versteckt in einer engen Gasse in Oestrich liegt das kleine Weingut

Faust. Paula Thomas und ihr Ehemann Harry pflegen hier echte Rheingauer Gastlichkeit. Im Hof und im Garten des Gutsausschankes kann man sommers zwischen blühendem Oleander sehr schön im Freien sitzen. Funktionelle Sonnensegel und dicht rankende Reben sorgen für kühlenden Schatten. Im angrenzenden Obstgarten finden vor allem die Kinder ihr Glück. Es gibt hier ein Kletterhaus für die Kleinen und sogar einen Extra-Tisch. Während die Kinder beim Spiel ihren Hunger vergessen, sorgt in der Küche die Hausherrin für Rheingauer Schmankerl wie »Hackedotzjer«, »Hausmacher Kochkäse«, Schnitzel und Vesperteller. Sonntagmittag gibt es ein preiswertes dreigängiges Menü mit Wein im Bereich von 10 Euro. Neben frischen, jungen Weinen aus hauseigenem Weinbau bietet die Gutsschänke den Freunden gereifter Rieslinge auch ältere Jahrgänge an.

GUTSSCHÄNKE WEINGUT FAUST
BRANDPFAD 10
65375 OESTRICH-WINKEL

TEL. 06723/2826

FR UND SA AB 16 UHR
SO UND FEIERTAGE AB 12 UHR

AUSSERGEWÖHNLICH
KINDERFREUNDLICH

45

Hotel Schwan

OESTRICH

BARBECUE AUF DER
SONNENTERRASSE

SCHICK & SCHÖN KÜCHE PREIS AMBIENTE

Seit 1628 ist das Hotel Schwan, in Oestrich direkt am Rhein gelegen, ein Ort außergewöhnlicher Gastlichkeit. Auf der sonnenüberfluteten Terrasse vor dem zum Teil denkmalgeschützten Fachwerkbau des renommierten Hotels meint man den Charme längst vergangener Tage zu spüren. Mit

weißem Kies unter den Füßen sitzt man an sehr gemütlichen und gastlich eingedeckten Tischen unter schattigen Markisen und großen Schirmen. Hier ist man für eine Tasse Kaffee und ein Stück Kuchen genauso herzlich willkommen wie zur rustikalen

Vesper oder zum fürstlichen Mahl nach einer großen Menükarte, mit Hinweis auf das »Schwänchen« sogar kalorienreduziert und trotzdem schmackhaft. Jeden Donnerstag ist bei schönem Wetter Barbecue angesagt. Das besondere Augenmerk der Familie Wenckstern, die das Haus führt, liegt auf der ausgesuch

HOTEL SCHWAN
RHEINALLEE 5
65375 OESTRICH-WINKEL

TEL. 06723/8090
FAX 06723/7820
TÄGLICH 7 BIS 24 UHR
KÜCHE BIS 22 UHR
WWW.HOTEL-SCHWAN.DE

TRADITIONSREICHER CHARME

ten Weinkarte mit vielen Rheingauer Weinen aus den besten Häusern, aber auch edlen internationalen Tropfen. Frischgezapftes Bier, Cocktails und ein liebenswürdiger Service ergänzen das Angebot. Willkommen sind hier auch Kinder, die sich in der kleinen Spielecke mit Ritterburg auf der Terrasse vergnügen können.

Zur Krone

OESTRICH

AUF DER PIAZZA
AM MARKTPLATZ

SCHICK & SCHÖN

KÜCHE

PREIS

AMBIENTE

Pizza, Pasta und andere kulinarische Genüsse, die die italienische Küche zu bieten hat, kann man im Restaurant »Zur Krone« ganz stilvoll wie in Italien auf der Piazza am alten Oestricher Marktplatz genießen. Das Traditionshaus

»Zur Krone« hat eine wechselvolle Geschichte hinter sich und gerade in den letzten Jahren unter der jungen Führung von Sania und Christopher Jahn einen richtigen Boom erlebt. In lauen Sommernächten kann man auf der großen, von Fackeln beleuchteten Terrasse auf dem historischen Oestricher Marktplatz direkt gegenüber dem

Marktbrunnen italienisches Dolce Vita nachempfinden. Viele junge Einheimische sind hier zu treffen, die schon mal zwischen dem Restaurant und dem benachbarten Eissalon auf dem verkehrsberuhigten Marktplatz wechseln. Christopher Jahn bietet eine große Speisekarte mit traditionellen italienischen Gerichten, aber auch Schmankerl aus der mediterranen Landhausküche. Dazu gibt es eine umfangreiche, internationale Weinkarte, Rheingauer Weine vom namhaften Oestricher Weingut Spreitzer, Bier vom Fass und Kaffeespezialitäten aller Art.

Tipp: Monika Assmann, Jazz-Sängerin

RESTAURANT ZUR KRONE
MARKT 14
65375 OESTRICH-WINKEL

TEL. 06723/888 9966
FAX 06723/710262
TÄGLICH 11.30 BIS 14.30 UHR
UND 17.30 BIS 23 UHR
WWW.ZURKRONE-OESTRICH.DE

ITALIENISCHES FLAIR

Gutsausschank
Dr. Corvers-Kauter

MITTELHEIM
SOMMERFRISCHE IM GUTSGARTEN

WEIN & SPUNDEKÄS'

KÜCHE

PREIS

AMBIENTE

Riesige Oleanderbüsche und blühende Hortensien, schattige Bäume und kleine Lauben umrankt von Weinreben, deren Blätter vorwitzig bis an die einladend gedeckten Tische gewachsen sind, versprechen im romantischen Garten des Mittelheimer Weingutes Dr. Corvers-Kauter Sommerlaune.

Durch ihre Heirat führten Brigitte und Dr. Matthias Corvers 1996 zwei Weingüter aus Rüdesheim und Oestrich-Winkel zusammen. Preisgekrönt sind die Weine, die die beiden Winzer mit Herz und Seele seitdem produzieren: »Jedes Jahr ein neuer Jahrgang mit eigenen Ansprüchen, das macht unsere Arbeit spannend«. Das heimische Gut mit Ausschank ist bei Genießern ein ganz besonderer Tipp. Passend zu den exzellenten Weinen des Hauses serviert die Hausherrin Klassiker und Herzhaftes wie Rheingauer Wildsülze und heiße Fleischwurst, aber auch Saisonspezialitäten wie einen mediterranen Schlemmerteller mit eingelegter Paprika, getrockneten Sommertomaten, Salami, Ziegenkäse, Lachs und Tête de Moine oder Tomaten-Mousse, Birnen-Roquefort-Tarte, Kürbiscremesuppe und den sehr beliebten ofenfrischen Flammkuchen. Besonders herzlich willkommen sind auch Kinder, für die es einen kleinen Spielplatz im über 250 Jahre alten Gutshof und eine Extra-Karte oder einen »Räuberteller« ganz umsonst, zum »Räubern« bei den Eltern, gibt.

GUTSAUSSCHANK
DR. CORVERS-KAUTER
RHEINGAUSTRASSE 129
65375 OESTRICH-WINKEL
MITTELHEIM
TEL. 06723/2614, FAX 2404
TÄGLICH AB 17 UHR, SO, SA UND
FEIERTAG AB 15 UHR
MO UND DI RUHETAG
WWW.CORVERS-KAUTER.DE
KURZURLAUB VOM ALLTAG

Hotel Ruthmann

MITTELHEIM

ÜBER WEINBERGE
AUF DEN RHEIN BLICKEN

BEWÄHRT & BÜRGERLICH

KÜCHE

PREIS

AMBIENTE

Im traditionsreichen Mittelheimer Hotel Ruthmann kann man auf der kleinen, aber gepflegten Rheinterrasse bei sieben verschiedenen Kaffeespezialitäten des Hauses und frischem Kuchen aus eigener Konditorei bei fast jedem Wet-

ter einen herrlichen Blick über die an das Haus angrenzenden Weinberge zum weitläufigen Rheinufer hin genießen. Seit 150 Jahren ist das renommierte Mittelheimer Hotel Ruthmann im Familienbesitz und für seine aussichtsreiche

Rheinterrasse bekannt. 2001 übernahm Wilfried Vahle den Betrieb von seinen Eltern und führt die gastfreundliche Familientradition fort. Bunte Blumenkästen mit Geranien ziehen schon von weitem die Blicke auf den Balkon des Hotels, der sich über die ganze Breite des Gebäudes zieht. Hier kann man, vor Wind und Regen geschützt, auch an weniger schönen Sommertagen den Rheingau in seiner ganzen Pracht genießen. Bei Sonnenschein ist es dann doppelt schön. Die umfangreiche Speisekarte bietet für jeden Geschmack das Richtige, ob Suppen, Salate, Kleinigkeiten zum Wein wie Flammkuchen und Kartoffeltaschen oder Lammrücken, Braten und Schnitzel, die Auswahl ist groß. Dazu gibt es täglich ein Tagesmenü zum kleinen Preis und viele Saisonspezialitäten.

HOTEL-RHEINTERRASSE RUTHMANN
RHEINGAUSTRASSE 109
65375 OESTRICH-WINKEL

TEL. 06723/3388
FAX 06723/87 134
TÄGLICH AB 8 UHR
MO UND DI RUHETAG
WWW.HOTEL-RUTHMANN.DE

DIENSTAG IST SCHNITZELTAG

49

Wein- u. Sektgut F. B. Schönleber

MITTELHEIM

RHEINGAUER GASTLICHKEIT

WEIN & SPUNDEKÄS'

KÜCHE PREIS AMBIENTE

Rheingauer Gastlichkeit wird im Wein- und Sektgut F. B. Schönleber in Mittelheim seit Jahrhunderten gepflegt. Seit 1746 befindet sich das Weingut im Familienbesitz, Franz Schönleber hat den Betrieb vor einigen Jahren an Bernd und Ralf Schönleber übergeben, die vor gut zehn Jahren den neuen

Gutsausschank eröffneten und das Angebot sogar auf einige Gästezimmer ausgeweitet haben. Der Ausschank im schönen Gutshaus verfügt über eine geschützte Terrasse mit rund 30 Plätzen, die im Sommer selbst bei weniger gutem Wetter zum Verweilen einlädt. Hier hat man – gut geschützt vor Wind und Regen – einen herrlichen Ausblick auf den Garten des Weingutes und das nahe Rheinufer. Doch nicht nur dies lädt zu einem Besuch im Wein- und Sekthaus Schönleber ein. Aus rund zehn Hektar eigener Weinberge bietet die Familie Schönleber erstklassige Rebensäfte und selbst erzeugte prickelnde Spezialitäten, die einen Sommerabend auf der Terrasse des Gutes noch verschönern. Dazu bringt die Gutsküche ausgesuchte Speisen wie Wisperforellen, Tafelspitz, Tartar, Schafskäse, Rumpsteak und die beliebte Wildschweinsülze auf den Tisch. Mitte Juli gibt es traditionell im Rahmen der Oestrich-Winkeler Jazzwochen ein tolles Konzert im lauschigen Garten des Weingutes.

WEIN- UND SEKTGUT
F. B. SCHÖNLEBER
HAUPTSTRASSE 1 B
65375 OESTRICH-WINKEL
TEL. 06723/917609, FAX 4759
MI BIS SA 16 BIS 23.30 UHR
SO U. FEIERTAG 15 BIS 23.30 UHR
MO UND DI RUHETAG
WWW.FB-SCHOENLEBER.DE
PRICKELNDE SEKTE
AN LAUEN SOMMERABENDEN

Bernd-Hans Gietz,
Jazzmusiker und Chorleiter

Weingut
Fritz Allendorf
WINKEL
WEIN-ERLEBNIS-WELT

Den Wein mit allen Sinnen genießen, und dies in einer besonderen Ausstellung. Hausherr Ulrich Allendorf hat sich gemeinsam mit seinem Winzerkol-

legen und Schwager Josef Schönleber einen Traum erfüllt und in der ehemaligen Kelterhalle des Weingutes einen erlebbaren Parcours rund um den Wein, seine Aromen, Farbe und vor allem seinen Geschmack eingerichtet. Über 100 Weine und Sekte können die Besucher in dieser »Wein.Erlebnis.Welt.«

probieren. Nach diesem Extra lädt der weitläufige Gutshof mit freundlich gedeckten Tischen bis in die Herbstwochen hinein zum Genießen unter freiem Himmel ein. Dutzende riesige, blühende Oleander und dichte Rebendächer umhüllen den lauschigen Hof. Die Auswahl an Weinen ist groß, die Tochter des Hauses bietet neben der ständigen Karte auch jahreszeitliche Saisonspezialitäten an: Rindfleischsalat mit Bratkartoffeln, Schinkenbraten mit grüner Soße oder griechischer Salat mit Schafskäse. Kinder dürfen sich zum kleinen Preis einen Teller nach Wunsch zusammenstellen und trinken dazu kostenlos hausgemachten Traubensaft. Außerdem gibt es einen großen, gut einsehbaren Spielplatz im Hof des Weingutes.

Tipp: Wolfgang Junglas,
SWR-Redakteur, »Fröhlicher Weinberg«

WEINGUT FRITZ ALLENDORF
KIRCHSTRASSE 69
65375 OESTRICH-WINKEL
TEL. 06723/91850
FAX 06723/918540
APR. BIS JUN. UND SEPT. BIS OKT.
FR AB 16 UHR, SO, SA UND
FEIERTAG AB 12 UHR
WWW.ALLENDORF.DE
FRÖHLICHE WEINRUNDEN MIT DER
GANZEN FAMILIE

Basting's Weinstuben

WINKEL

GEPFLEGTE GASTLICHKEIT

Seit der Eröffnung 1954 haben die »Weinstuben Basting« der Winkeler Winzer »Jupp« und »Finchen« Basting mit gepflegter Gastlichkeit und familiärer Atmosphäre Besucher von überall her in das Weinlokal gelockt. Nach dem Umbau vor einigen Jahren lebt die Tradition der Gastfreundschaft in

»Basting's Weinstuben« weiter fort. Im Weingarten des Lokals mit »Kellerdurchblick«, einer einmaligen Attraktion, die den Besucher metertief durch die verglaste Kellerdecke blicken lässt, kann man in geselliger Runde mit Freunden den Feierabend verbringen. Mit Blick auf den Garten lädt Familie Basting auf windgeschützter, schattiger Terrasse zu Schmankerln aus der heimischen Gutsküche und zu Rheingauer Weinen – nicht nur aus dem eigenen Keller – ein. Besondere Spezialitäten sind die Salate mit Rieslingvinaigrette und eine spezielle Schnitzelkarte, die dazu einlädt, das Wunschmenü selbst zusammenzustellen. Und nicht nur Kulinarisches haben die Weinstuben Basting zu bieten, im Weinlokal gibt es wechselnde Kunstausstellungen heimischer Künstler, die man durchaus schon mal vor Ort bei einem Gläschen Rebensaft im Weingarten treffen kann.

BASTING'S WEINSTUBEN

HAUPTSTRASSE 6

65375 OESTRICH-WINKEL

TEL. 06723/2601

FAX 06723/885 655

MI-SA AB 16 UHR

SO UND FEIERTAGE AB 15 UHR

WWW.WEIN-BASTING.DE

RUSTIKALES AMBIENTE

Die Wirtschaft

WINKEL

REBEN
BIS INS GLAS

SCHICK & SCHÖN
KÜCHE
PREIS
AMBIENTE

Ganz kuschelig und dicht bewachsen mit wilden Reben, Oleander und Rosen ist der Hof der »Wirtschaft« im Weingut Basting-Gimbel. Den durstigen Zecher will das Ehepaar Kreller in diesem gemütlichen Hof mit Bachlauf im Entree genauso ansprechen wie den hungrigen Genießer. Florian Kreller begann seine Karriere als Koch wenige Meter weiter im legendären Grauen Haus, Ehefrau Beate stammt aus dem Schwarzwald und startete ihre gastronomische Laufbahn im »Hirsch« in Schramberg. Der grüne und blühende Hof des traditionsreichen Weingutes Basting-Gimbel bietet rund 50 Personen Platz an schönen Holztischen, ein Teil des Hofes besteht aus einer urigen Scheune mit Rebenholzdecke. Dienstagabend wird gegrillt, dazu gibt es frische Salate. Krellers Küche ist von mediterranen Akzenten geprägt und bietet auch Klassiker der guten bürgerlichen Küche auf gehobenem Niveau, auch schon zur Mittagszeit. Die Getränkekarte enthält vom kernigen Zechwein bis zur edlen Beerenauslese für jeden das Richtige, und auch ein gutes Bier gegen den Durst fehlt nicht.

DIE WIRTSCHAFT
WEINGUT BASTING-GIMBEL
HAUPTSTRASSE 70
65375 OESTRICH-WINKEL

TEL. 06723/7426, FAX 998 328
DI-SA 12-14.30 UND AB 18 UHR
SO 11.30-15 UHR
WWW.DIE-WIRTSCHAFT.NET

MEDITERRANE AKZENTE

Gaumenfreude im Brentanohaus

WINKEL

SCHICK & SCHÖN

KÜCHE

PREIS

AMBIENTE

Gastfreundschaft und kulinarische Tradition werden im Brentanohaus in Winkel seit Jahrhunderten gepflegt. Das geschichtsträchtige Haus der berühmten Dichterfamilie beherbergte keinen Geringeren als den Geheimrat Goethe, der 1814 der »geliebten wie verehrten Familie Brentano, die mir an den Ufern des Rheins, auf ihrem Landgute zu Winkel, viele glückliche Stun-

den bereitet«, dankte. In dem Garten mit südländischem Flair, in dem der Geheimrat und andere illustre Gäste, angefangen von Achim von Arnim bis hin zu den Brüdern Grimm, weilten, kann man heute zwischen schattigen Bäumen, einem alten Brunnen und verwachsenen Rebengängen »Gaumenfreude« erleben. Der Pächter ist Michael Mätzel, der in den besten Häusern im Rheingau, auf Sylt und in Frankfurt sein Handwerk gelernt hat. Die Terrasse und der Garten laden ein zum gepflegten Tafeln und vor allem den Brentano'schen Wein zu genießen. Neben dem exklusiven »Goethewein« aus dem Keller des heutigen Inhabers Baron Udo von Brentano gibt es Weine aus anderen namhaften Rheingauer Weingütern und aus Übersee. Marktfrische Produkte, Kreativität und handwerkliches Können prägen den Küchenstil Mätzels. Vom geschmolzenen Ziegenkäse über die beliebte Gazpacho bis zum Rieslinghuhn und der Dorade aus dem Ofen reichen die Gaumengenüsse, die auch Goethe nicht verschmäht hätte.

GAUMENFREUDE IM BRENTANOHAUS

AM LINDENPLATZ 2

65375 OESTRICH-WINKEL

TEL. 06723/885 600

FAX 06723/885 617

MO, MI, DO, FR AB 16 UHR

SA, SO AB 12 UHR DURCHGEHEND

WWW.BRENTANO.DE

GENIESSEN AN GESCHICHTSTRÄCHTIGEM ORT

Gutsausschank
Ankermühle
WINKEL
SOMMER IN DER EHEMALIGEN MÜHLE

WEIN & SPUNDEKÄS' · KÜCHE · PREIS · AMBIENTE

Das Weingut Ankermühle, mitten in den Winkeler Weinbergen gelegen, war im 14. Jahrhundert eine alte Getreidemühle. Seit 1974 zählt zu dem An-

wesen auch ein Gutsausschank, der idyllisch in einem der schönsten Täler des Rheingaus am Elsterbach direkt am Fuße von Schloss Johannisberg liegt. Von Frühlingsanfang bis Anfang September und Mitte Oktober bis zum dritten Advent kredenzt die Familie Eiser hier in der Gutsstube und im Sommer im windgeschützten, sonnigen Innenhof mit 42 lauschigen Plätzen eigene Weine und Kulinarisches aus der Gutsküche. Dort kocht Hausherrin Irene Eiser selbst und verwöhnt die Gäste mit dem obligatorischen Hand- und Spundekäs, Wurst- und Schinkenvesper, aber auch mit gebackener Wildsaublutwurst auf Apfelscheiben und Rote-Bete-Salat oder einem gebackenen Hirschfleischkäse mit Salaten der Saison. Großen Hunger muss man für den Mühlenteller oder die Wildspezialitätenplatte mitbringen. Seit 1712 baut die Familie Eiser Wein an, 1898 kam die Ankermühle in den Besitz der Familie und wird heute von Stefan Eiser in vierter Generation geführt.

WEINGUT ANKERMÜHLE
65375 OESTRICH-WINKEL

TEL. 06723/2407
FAX 06723/888 675
MI-SA AB 16 UHR
SO AB 15 UHR

WWW.ANKERMUEHLE.DE

EIN STÜCK HEILE WELT

55

Gutsausschank Hamm

WINKEL

ÖKOLOGISCH GENIESSEN & SCHLEMMEN

WEIN & SPUNDEKÄS'   KÜCHE   PREIS   AMBIENTE

Im Weingut Hamm in der Winkeler Hauptstraße offenbart sich hinter einem großen, alten Holztor einer jener Winzerhöfe, die den Rheingau bekannt und so beliebt gemacht haben. Im Schatten des historischen Kelterhauses, in dem Jazzfreunde schon so manches schöne Konzert gehört haben, sitzt

man sehr stillvoll und gemütlich unter Hausweinreben, Feigen und Oleander. Das Ensemble ist so reizvoll, dass es schon oft als Kulisse für Fernsehproduktionen diente. An der großen Holztheke bedienen nette junge Leute und bringen kulinarische Köstlichkeiten aus der Rheingauer Gutsküche, die direkt aus dem Küchenfenster gereicht werden. »Wichtig ist das Zusammenwirken verantwortungsbewusster ökologischer Landwirtschaft, werterhaltender, fachgerechter Veredlung und eines überschaubaren regionalen Handels«, lautet das Motto der Familie Hamm. Deshalb stammt der Wein auch ausschließlich aus eigenem ökologischen Weinbau, und auch die »Woihinkelcher« (Huhn mit Weinsauce) sind garantiert aus artgerechter Haltung. In herrlichem Ambiente genießt man im Weingut Hamm eine ökologische Jahreszeitenküche mit vorzüglichem, gesundem Gaumenkitzel, wozu auch Klassiker der eleganten und gutbürgerlichen Küche gehören.

WEINGUT HAMM
HAUPTSTRASSE 60
65375 OESTRICH-WINKEL
TEL. 06723/991 375
FAX 06723/87 666
TÄGLICH GEÖFFNET AB 18 UHR
SONNTAG AB 12 UHR
MONTAG RUHETAG
WWW.HAMM-WINE.DE
HIER DREHTE SCHON DAS
FERNSEHEN

Tipp: Michael Denzin,
FDP-Landtagsabgeordneter

Hotel Nägler

WINKEL

SCHÖNE
AUSSICHT

SCHICK
& SCHÖN

KÜCHE

PREIS

AMBIENTE

»Bellevue« heißt das Restaurant im renommierten Winkeler Hotel Nägler, und den versprochenen Ausblick über den majestätischen Strom, der sich

hier in der Winkler Bucht auf einem Kilometer ausbreitet, bis nach Ingelheim hinüber, bietet die sonnige Terrasse ihren Besuchern wirklich. Man scheint über den Weinbergen und dem nur wenige Meter entfernten Rhein regelrecht zu schweben. Stilvolle Lampen, blühende Geranien in Blumenkästen entlang der Balustrade und im Wind

leicht fächelnde Palmen runden das schöne Ambiente dieser Terrasse ab. Für ausreichend Schatten über der nach Süden liegenden Rheinterrasse sorgen riesige Sonnensegel, die fast maritimes Flair vermitteln. Rund 50 Gäste finden hier Platz. Eine vielfältige Auswahl an regionalen und saisonalen Gerichten, Menüs und Buffets bietet die Küche von Patrick Wahl, der im Sternerestaurant »Marcobrunn« auf Schloss Reinhartshausen sein Handwerk erlernte. Ein junges, engagiertes Serviceteam sorgt für das Wohl der Gäste, die die wundervolle Aussicht nicht nur bei Wein und Sekt, sondern auch bei vielfältigen Kaffeespezialitäten, hausgemachtem Kuchen und Eis genießen können. Bereits in dritter Generation führt Diana Nägler das Hotel, das seit 50 Jahren im Rheingau einen guten Ruf genießt.

RESTAURANT BELLEVUE
IM HOTEL NÄGLER
HAUPTSTRASSE 1
65375 OESTRICH-WINKEL

TEL. 06723/9902-0
FAX 06723/9902-80
TÄGLICH 12-22 UHR
WWW.NAEGLERS.DE

SONNIGES KAFFEEVERGNÜGEN

Krayers Mühle

WINKEL

MITTEN
IM WEINBERG

BEWÄHRT & BÜRGERLICH

KÜCHE

PREIS

AMBIENTE

Mitten in den Weinbergen, die Winzer Harald Krayer bearbeitet, liegt der Gutsausschank »Krayers Mühle« mit seinem herrlichen Blick auf Schloss Johannisberg. Windgeschützt und sonnig finden 70 Gäste Platz auf der großen Terrasse, die sich wie ein Tortenstück in die Rundung des Gebäudes fügt. Als Ausgangs- oder Schlusspunkt einer Weinbergswanderung bietet

sich der Gutsausschank geradezu an. Zum ersten Mal erwähnt wurde die Mühle am Winkeler »Bartholomaeus-Kopf« in einem historischen Schreiben des Klosters Eberbach von 1690. Damals mussten die Mühlenbetreiber den Zehnten in Form von Korn, Stroh, Obst und Nüssen an die Zisterzienser-Mönche abliefern. In der Mühle am Elsterbach wurden damals noch Walnussbäume bewirtschaftet und Walnussöl geschlagen. Bereits in den dreißiger Jahren wurde das Mahlwerk allerdings demontiert. Heute ist die Mühle in fünfter Generation ein renommiertes Weingut mit gutem Ruf weit über den Rheingau hinaus. Im Gutsausschank gibt es neben dem Krayer-Wein und Bier auch Spezialitäten wie hausgemachte gefüllte Kartoffelklöße in Käse- oder Champignon-Sauce oder Schnitzelvariationen.

GUTSSCHÄNKE KRAYERS MÜHLE
PFORZHEIMER MÜHLE 1
65375 OESTRICH-WINKEL

TEL. 06723/889 044
DI-SA AB 17 UHR
SO UND FEIERTAG AB 12 UHR
MONTAG RUHETAG
WWW.KRAYERS-MUEHLE.DE

SIEBEN SORTEN SCHNITZEL

Schloss Vollrads

WINKEL

HARMONIE
VON SPEISE UND WEIN

EDEL & FEIN | KÜCHE | PREIS | AMBIENTE

Das Gutsrestaurant im Kavaliershaus von Schloss Vollrads ist ein Ort der Erholung, der Kommunikation und Geselligkeit. Im Kavaliershaus, in der

Orangerie und auf der Schlossterrasse sorgt der Küchenchef für den guten Geschmack. Einen wunderbaren Blick auf den Schlossgarten, die dazu gehörige Anlage und die schöne Landschaft des Rheingaus kann man auf den drei verschiedenen Ebenen der Orangerie genießen. Die neugestaltete Erweiterung ergänzt das historische, 450 Jahre alte Kavaliershaus um eine moderne Komponente. "Esskultur bedeutet Lebensqualität, und im Rheingau läßt es sich nun einmal bemerkenswert gut leben", diesen Leitsatz nehmen sich der Küchenchef und seine Mitarbeiter zu Herzen, wenn es um das Wohl ihrer Gäste geht. Den Gast erwarten perfekt zubereitete tagesfrische Gerichte. In Kombination mit den sorgfältig ausgebauten Rieslingweinen von Schloss Vollrads ergibt dies alles ein besonderes Geschmackserlebnis und die perfekte Harmonie von Speisen und Getränken, die im passenden, gemütlichen Ambiente zu einem nicht alltäglichen Genuß werden.

GUTSRESTAURANT IM
KAVALIERSHAUS
SCHLOSS VOLLRADS
65375 OESTRICH-WINKEL

TEL. 06723/5270, FAX 998 227
TÄGLICH 12-15 UHR
UND 17.30-23 UHR
WOCHENENDE DURCHGEHEND
WWW.SCHLOSSVOLLRADS.DE
LANDSCHAFTLICH REIZVOLL

Gutsausschank Zehntenhof

WINKEL

TRADITIONSGASTRONOMIE

BEWÄHRT & BÜRGERLICH

KÜCHE

PREIS

AMBIENTE

Mehr als ein Dutzend blühender Oleander in riesigen Blumentöpfen und anziehende runde Teakholztische unter großen, schattigen Schirmen laden entlang der historischen Bruchsteinmauer im Winkeler Zehntenhof zum Verweilen ein. Der versteckt gelegene Hinterhof ist mit dem im Rheingau berühmten, so genannten »Sträußje« gekennzeichnet, gehört aber dennoch zum ganzjährig geöffneten Gutsausschank des re-

nommierten Weingutes Ohlig. Heinz Roder hat das Restaurant 2001 übernommen und steht natürlich auch selbst am Herd. Roder ist seit Jahrzehnten ein bekennender Rheingauer Gastronom, den nicht nur die Einheimischen schätzen. Aus seiner Küche kommen jahreszeitliche Saisongerichte und Rheingauer Spezialitäten, die aus garantiert frischen und heimischen Produkten zubereitet werden. Dazu werden ausschließlich Weine des hauseigenen Gutes angeboten. Der mit rundem Mosaik gepflasterte und zusätzlich zum Teil überdachte Hof bietet rund 70 Gästen Platz.

GUTSAUSSCHANK ZEHNTENHOF

HAUPTSTRASSE 68

65375 OESTRICH-WINKEL

TEL. 06723/888 652

FAX 06723/998 142

WERKTAGS AB 16 UHR

SONNTAG UND FEIERTAG BEI

SCHÖNEM WETTER AB 12 UHR

WWW.WEINGUT-JOHANNES-OHLIG.DE

SCHÖNE ATMOSPHÄRE

Bootshaus

GEISENHEIM

DIREKT
AM RHEINUFER

KIND & KEGEL KÜCHE PREIS AMBIENTE

Mitten im Grünen, direkt in den Geisenheimer Rheinanlagen, lädt das Bootshaus zu einer geruhsamen Pause im hektischen Alltag. Auf der Rückseite des
Gebäudes lagern die Geisenheimer Wassersportler ihre Boote. Nach vorne

zum Rhein hin erstreckt
sich eine gemütliche kleine
Terrasse mit wundervollem
Blick auf den wenige Me-
ter entfernten mächtigen
Rhein und die vorbeizie-
henden Schiffe. Die Terrasse ist ringsum mit Palmen,
blühenden und rankenden
Pflanzen bewachsen. Fast
wie im Urlaub in einer Ta-

verne kommt man sich hier vor. Der Eindruck wird perfekt, wenn man die
Speisekarte sieht: Im Geisenheimer Bootshaus isst man nämlich griechische
Vorspeisen, italienische Nudelgerichte oder karibisches Hühnercurry. Dazu
gibt es Eisspezialitäten aus dem ortsansässigen italienischen Eissalon und
täglich wechselnde Empfehlungen vom legeren Service. Ein besonderer As-
pekt ist der benachbarte große Kinderspielplatz, der gestressten Eltern beim
Rheingauer und griechischen Wein, Bier oder frisch gezapftem Apfelwein
Ruhe garantiert.

Tipp von Karl-Heinz Drollinger,
Leiter des Rheingau-Gymnasiums

BOOTSHAUS
AM RHEINUFER
65366 GEISENHEIM AM RHEIN
TEL. 06722/710 327

GEÖFFNET TÄGLICH AB 10 UHR
KÜCHE VON 10-14.30 UHR
UND 17.30-22 UHR
WWW.BOOTSHAUS-GEISENHEIM.DE
COCKTAILBAR MITTWOCH BIS
SAMSTAG

Gutsschänke Kapellengarten

GEISENHEIM

SOMMERNÄCHTE IM KAPELLENGARTEN

Im romantischen Kapellengarten des Geisenheimer Weingutes Peter Ohlig kann man in lockerer Atmosphäre im Weinberg laue Sommernächte genießen und sich mit Rheingauer Leckereien und natürlich Weinen aus eigenem Weingut verwöhnen lassen. Im Sommer wird der Gutsausschank im Kapel-

lengarten geöffnet. 1919 gründete Anton Ohlig die Sektkellerei »Ohlig & Co.«, ein heute noch florierendes Unternehmen. 1945 erwarb sein Sohn Peter Ohlig beste Lagen in Rüdesheim sowie eine große Kellerei. So gerüstet hob er sein Weingut »Peter Ohlig« aus der Taufe. 1964 kam das

Gutshaus »Weingut Burgeff« in Geisenheim zum Betrieb, und damit auch der Weinberg im Kapellengarten, der heute als Gaststube unter freiem Himmel dem Gast den Genuss seines Rieslings inmitten der Reben ermöglicht. Deftige Leckereien wie Ardenner Leberpastete, Wildspezialitäten aus der eigenen Jagd oder Antipastiteller mit Kräuterciabatta zum Wein machen die geselligen Stunden in diesem herrlichen Weingarten perfekt. Von der Weinbergsmauer gegen die Außenwelt abgeschirmt, kann man hier eine Auszeit vom Alltag genießen.

GUTSSCHÄNKE KAPELLENGARTEN
WEINGUT PETER OHLIG
RHEINSTRASSE 7
65366 GEISENHEIM

TEL. 06722-99 28-0
FAX 06722-99 28-20
1. MAI BIS ENDE SEPTEMBER
TÄGLICH AB 17 UHR
WWW.PETEROHLIG.DE
TRAUMHAFT SCHÖNES AMBIENTE

*Tipp von Michael Herrmann,
Leiter des Rheingau Musik Festival*

Gutsausschank
Turmschänke

GEISENHEIM

550 JAHRE WEINBAUTRADITION

WEIN & SPUNDEKÄS'

KÜCHE

PREIS

AMBIENTE

Mitten in den Weinbergen am Stadtrand von Geisenheim gelegen, kann man auf der Terrasse und im Garten der Geisenheimer Gutsschänke Schumann-Nägler im Sommer die Seele baumeln lassen. 60 schattige Plätze

unter Nussbäumen, die angrenzenden Wingerte, die sonnige Terrasse rund um das »Türmchen«, das der »Turmschänke« ihren Namen gab, verlocken hier zum gemütlichen Beisammensein. Seit 1438 baut die Familie Schumann-

Nägler im Rheingau Wein an. Fred Schumann führt das Weingut bereits in 23. Generation, seine Frau Ulrike kümmert sich um den Gutsausschank. Kleine, gepflegte Speisen wie Tafelspitzsülze oder Lachsforelle bietet sie unterstützt von einem freundlichen Serviceteam den Gästen zu den edlen Tropfen aus dem eigenen Weingut. Im kleinen »Weinkarussell« kann man eine Probe mit sechs Weinen des Hauses verkosten und dazu den herrlichen Blick über das Rheintal genießen. Ein Geheimtipp ist der schöne Weingarten der »Turmschänke« allerdings nicht mehr und Reservierungen deshalb ratsam.

GUTSAUSSCHANK »TURMSCHÄNKE«
NOTHGOTTESSTRASSE 29
65366 GEISENHEIM
TEL. 06722/5214
FAX 06722/5246
MI-SA 16-23 UHR
SO UND FEIERTAG 14 UHR
MO UND DI RUHETAG
WWW.SCHUMANN-NAEGLER.DE
FERNAB VOM ALLTAG WEIN
GENIESSEN

Altes Landhaus

JOHANNISBERG

BIERGARTEN
IM LANDHAUS

Ein lauschiger Biergarten versteckt sich im Hinterhof des »Alten Landhauses« in Johannisberg. Gastronom Jochen Rehmet hat die lange verwaiste traditionsreiche Gaststätte in Johannisberg im September 2004 wiedereröffnet. Eine umfangreiche Speisekarte, die vom gebackenen Camembert und Winzerweck über Schnitzel oder Rumpsteak bis hin zur frisch zubereiteten Lammkeule nach Vorbestellung reicht, bietet das »Alte Landhaus« jetzt seinen Gästen zu zivilen Preisen. Dazu trinkt man edle

Tropfen aus den Johannisberger Weinbergen und den namhaften Gütern Trenz und Martin Klein. Als besondere Bierspezialität gibt es ein frisch gezapftes Weizen. All diese Köstlichkeiten kann man zur Sommersaison auch im windgeschützten Hof des »Alten Landhauses« genießen. Gemütlichkeit bis in den Abend hinein ist garantiert, und Sonnenschirme spenden Schatten zwischen den rebenberankten Gartenmauern. Es gibt verschiedene preisgünstige »Biergarten-Spezialitäten« wie frisches Grillhähnchen, Vesperplatte oder Bratwurst. Dazu bietet das Landhaus gelegentlich auch ein Frühschoppenkonzert mit heimischen Musikern.

ALTES LANDHAUS
IM FLECKEN 30
65366 GEISENHEIM-JOHANNISBERG

TEL. 06722/402 809

MO-SA 16-22 UHR
SO UND FEIERTAGS
11 BIS 22 UHR

ZÜNFTIG ZECHEN

Burg Schwarzenstein

JOHANNISBERG

GENUSS MACHT
DAS LEBEN ANGENEHM

EDEL & FEIN

KÜCHE

PREIS

AMBIENTE

Wie in einem Garten im Süden Europas fühlt man sich auf der renovierten und wiedereröffneten Burg Schwarzenstein in Johannisberg. Der Frankfur-

ter Bankier und Weinhänd-ler Peter Arnold Mumm hatte einst mit spekulativem Weinkauf den Grundstein für eine repräsentative Villa am Ortausgang gelegt. Seine Nachkommen erweiterten den Besitz, und als für den Adelstitel ein Stammsitz benötigt wurde, errich-

teten sie die Burg Schwarzenstein. 1957 übernahm Rudolf August Oetker die Burg und den gleichnamigen Weinberg. Seit 1986 befindet sie sich in Privatbesitz, 1993 wurde sie um ein kleines Hotel erweitert. Jetzt erstrahlt die Burg Schwarzenstein endlich in neuem Glanz, der Eigentümer hat sie aus ihrem Dornröschenschlaf erweckt, aufwändig saniert und liebevoll renoviert. Speisen kann der Gast im romantischen Kamin- und Erkerzimmer und auf der weinberankten, überdachten Sommerterrasse mit atemberaubendem Blick über den Rheingau. Denn Terrasse und Erkerzimmer (mit geschmackvoll ausgesuchtem neuen Interieur) liegen zur Südseite hin. Vom Feinsten ist auch die Restauration.

Der neue Küchenchef Raffaele Cannizzaro ist bereits mehrfach ausgezeichnet worden und bietet eine leichte, mediterrane Küche auf höchstem Niveau. Ab August gibt es außerdem ein weiteres großes Terrassenrestaurant mit 150 Außenplätzen, in dem gut bürgerliche regionale Küche ebenfalls in bester Qualität aber zum kleinen Preis geboten werden soll.

BURG SCHWARZENSTEIN
ROSENGASSE 22
65366 GEISENHEIM-JOHANNISBERG
TEL. 06722/9950-0, FAX 9950-99
TÄGLICH 12-14.30 UHR MITTAGSKT.
14.30-17 UHR KAFFEE U. KUCHEN
18-22 UHR ABENDKARTE
BURGGARTEN BEI SCHÖNEM WETTER
FR-SO 12-22 UHR WARME KÜCHE
WWW.BURG-SCHWARZENSTEIN.DE
GESELLIGKEIT REGT DIE SINNE AN

Schamarimühle

JOHANNISBERG

WEIN & SPUNDEKÄS'

KÜCHE

PREIS

AMBIENTE

Seit zwei Generationen ist die Johannisberger Schamari-Mühle in Händen der schwedischen Familie Andersson. Erik Andersson senior übernahm in den frühen 50er-Jahren die Weingärten seines Onkels Peter Schamari, der damals noch Gutsverwalter eines großen Johannisberger Weinguts war. Er

verließ seinen Wohnsitz in Stockholm, wurde Gasthörer in der Fachhochschule Geisenheim, um sich mit dem Weinbau vertraut zu machen, und spielte nebenbei im Geisenheimer Fußballverein. In Johannisberg lernte er später seine deutsche Frau kennen. Sohn Erik ist heute Winzer und Weinmacher auf der Schamari-Mühle. Er hat zwar noch einen schwedischen Pass, ist jedoch ein echter Rheingauer, in dessen Adern Riesling fließt. Verbindungen nach Schweden sind aber auch heute noch lebendig. Auf dem Parkplatz weht die blaugelbe Fahne im Wind, und ab und zu bietet der 1930 eröffnete Gutsausschank im denkmalgeschützten Mühlengebäude schwedische Spezialitäten an. Im idyllischen Blumengarten mit dem großen Brunnen kann man im Sommer mit Blick auf die Klosterkirche und in das Elsterbachtal inmitten blühender Blumen gemütliche Stunden bei den Schamari-Gutsweinen und den regional typischen, kleinen Speisen verbringen.

SCHAMARI-MÜHLE
GRUND 65
65366 GEISENHEIM-JOHANNISBERG
TEL. 06722/64 537
VON MITTE MÄRZ BIS NOVEMBER FR
AB 17 UHR
SA UND SO AB 15 UHR
RESERVIERUNGEN NICHT MÖGLICH
WWW.SCHAMARI.DE
SCHWEDISCHER CHARME
IM RHEINGAU

Schloss Johannisberg

JOHANNISBERG

SELBSTBEDIENUNG
AUF DER SCHLOSSTERRASSE

SCHICK & SCHÖN

KÜCHE PREIS AMBIENTE

Das Schloss Johannisberg, majestätisch hoch auf seinem mit Weinbergen überzogenen Hügel gelegen, gehört zu den bekanntesten Schlössern im

Rheingau und ist immer einen Besuch wert. Ursprünglich wurde es um 1100 als Benediktinerkloster erbaut und hat die Kultur des deutschen Weinbaus durch die Entdeckung der Spätlese 1775 prägend verändert. Auch der erste Eiswein wurde 1858 auf Schloss Johannisberg geerntet. 900 Jahre Weinkultur und 275 Jahre Riesling prägen die Geschichte des einstigen Klosters, das Kaiser Franz I. von Österreich 1816 dem Staatskanzler Clemens Fürst von Metternich-Winneburg schenkte. Heute ist Schloss Johannisberg eine Begegnungsstätte für Wein-, Speisen- und Kulturgenuss. Nicht nur das Rheingau Musik Festival ist hier im Sommer regelmäßig zu Gast. Die Weine der Domäne und kulinarische Leckereien aus der Küche des bekannten Gastronomie-Unternehmens »Käfer« kann man in der Gutschänke genießen. Im Sommer geht das auf der herrlichen Sonnenterrasse mit über 250 Plätzen und im Sommergarten, der einen der schönsten Blicke im Rheingau über Weinberge und Rheinlandschaft bietet. Wer genau hinsieht, erkennt die Markierung des 50. Breitengrades, der direkt unterhalb des Schlosses verläuft. Auf der Schlossterrasse ist Selbstbedienung angesagt, hier gibt es kleine Leckereien, Kaffee, Kuchen und den hauseigenen Wein, alles in sehr guter Qualität. Im Sommergarten und heimeligen Stübchen gibt es auch feine Menüs und typische Rheingauer Gerichte zu ausgesuchten Weinen.

GUTSSCHÄNKE SCHLOSS
JOHANNISBERG
65366 GEISENHEIM-JOHANNISBERG
TEL. 06722/96090
FAX 06722/7392

TÄGLICH AB 11.30 UHR

WWW.SCHLOSS-JOHANNISBERG.DE
REBENGANG MIT TRAUMHAFT
SCHÖNEM PANORAMABLICK

Weinhof Goldatzel

JOHANNISBERG

ÜBER DEN REBEN
ZECHEN

Der auf der Johannisberger Schlossheide gelegene Gutsausschank »Goldatzel« wurde 1976 von Karl und Maria Groß in der gleichnamigen Weinlage erbaut. Vor knapp zehn Jahren haben Andrea und Gerhard Groß das beliebte Lokal in zweiter Generation übernommen, renoviert und modernisiert

und sind seit dieser Zeit für die gastfreundliche Bewirtung zuständig. Ein echtes Erlebnis in der »Goldatzel« ist die mitten im Weinberg gelegene, überdachte und mit Hauswein dicht bewachsene Terrasse. Von hier hat man einen überwältigenden Blick über die rheinische Landschaft. 66 Plätze bietet die Rebenterrasse, auf der man bei einem guten Glas Wein aus eigenem Anbau und begleitet von schmackhaften Kleinigkeiten aus der Gutsküche gesellige Stunden verbringen kann. »Goldatzel-Weine sind ein Zusammenspiel aus Tradition, Natur, Technik und dem Wissen darum. Die Verantwortung und die Freude am Wein und an unserer Heimat faszinieren uns und prägen unser Leben«, so Familie Groß. Je nach Jahreszeit gibt es neben den Rheingauer Gutsschmankerln wie »Wingertsknorze« und »Muffelbrettche« auch besondere kulinarische Spezialitäten wie Ziegenfrischkäse auf Blutwurstscheiben oder Goldatzelsalatteller mit Putenbruststreifen.

WEINHOF GOLDATZEL
HANSENBERGALLEE 1A
65366 GEISENHEIM-JOHANNISBERG
TEL. 06722/50537
FAX 06722/6009
MÄRZ BIS NOVEMBER
MI-FR 15-23 UHR
SA UND SO 14-23 UHR
WWW.GOLDATZEL.DE

GRANDIOSE AUSSICHT

Tipp: Patrick Kunkel, Comic-Autor

Rosenhof

MARIENTHAL

GUTSAUSSCHANK
MIT EIGENEM HAUSBERG

WEIN &
SPUNDEKÄS'

KÜCHE

PREIS

AMBIENTE

Eine besonders originelle und wunderbar über dem romantischen Rheintal gelegene Gutsschänke ist der Rosenhof in Marienthal. Dieter Oschmann

hat das Weingut 1960 gegründet und schon 1968 um einen sehr gastfreundlichen Gutsausschank erweitert. In seinem herrlichen Rosengarten mit wunderbarem Blick über die hauseigenen Weinberge und Rosenstöcke hin auf den im Tal träge dahinfließenden

Rhein können im Sommer rund 100 Gäste die Schönheiten des Rheingaus mit allen Sinnen genießen. Dafür sorgen auch ein sehr freundliches Team rund um den Hausherrn und viele originelle Ideen auf der Speisekarte. So bietet Dieter Oschmann seinen Gästen nicht nur die Möglichkeit, im Rahmen einer kleinen Weinprobe am Tisch gleich sechs verschiedene Köstlichkeiten aus dem umfangreichen Angebot der hauseigenen Rebensäfte zu kosten. Es gibt auch immer wieder überraschende Empfehlungen wie die »Betthupferl« mit edelsüßen Tropfen und dazu passende Spezialgerichte wie das Romifü (Roggenbrötchen mit pikanter Hackfleisch-Pilze-Füllung mit Käse überbacken) oder das Fümibrat (gleiche Füllung mit Bratkartoffeln). Wer nach solch opulenten Genüssen sich die Beine vertreten will, kann den hauseigenen »Berg«, der gemäß seiner Entstehung aus handgerafften Weinbergssteinen »Vineae Lapides« heißt, direkt neben dem herrlichen Rosengarten mitten in den Weinbergen »besteigen« und von hier die einmalig schöne Aussicht genießen oder sich im »Gipfelbuch« eintragen.

WEINGUT ROSENHOF
AM ROSENGÄRTCHEN 7
65366 GEISENHEIM-MARIENTHAL
TEL. 06722/8484
FAX 06722/8002
PALMSAMSTAG BIS WEIHNACHTEN
MI-FR AB 16, SA AB 15 UHR SO
UND FEIERTAGE AB 11 UHR
WWW.ROSENHOF-GEISENHEIM.DE
E FOI WOICHE — E SCHEE
PLÄTZJE

Magdalenenhof

EIBINGEN

WEINGARTEN MIT
AUSBLICK

WEIN & SPUNDEKÄS'   KÜCHE   PREIS   AMBIENTE

Auf zwei verschiedenen Ebenen und in zwei Höfen kann man im Eibinger Weingut Magdalenenhof den Sommer genießen. Schon im Eingangsbereich zum Weingut lockt ein wunderschöner Hof mit Blick auf die umliegenden Weinberge. Hier finden auch größere Gesellschaften unter schattigen Bäumen Platz. Auf der

anderen Seite des Gutsausschankes gibt es dann eine hoch gelegene Terrasse, die einen atemberaubend schönen Panoramablick über den Rheingau und den Rhein bietet. Ein paar Stufen darunter liegt sonnenüberflutet ein weitläufiger Weingarten mit herrlich blühenden Pflanzen und großen Sonnenschirmen. Südländisches Flair in den Rüdesheimer Weinbergen lädt hier rund 200 Gäste in den Sommermonaten zum Schlemmen und Zechen. Winzer Johannes Blaes und seine Frau Dagmar bieten den Gästen Weine aus eigenem Anbau und einfache rustikale Speisen aus der Gutsküche wie Maultaschen mit Rheingauer Kartoffelsalat. Vor allem Sommerabende kann man hier bei einem Glas Wein wunderbar genießen.

WEINGUT MAGDALENENHOF
MARIENTHALER STRASSE 90
65385 RÜDESHEIM-EIBINGEN
TEL. 06722/906 900
FAX 06722/906 903
MI-SA AB 17 UHR
SO UND FEIERTAG AB 15 UHR
WWW.MAGDALENENHOF.DE

BLICK ÜBER STROM UND
LANDSCHAFT

*Tipp von Wolfgang Blum,
Journalist und Buchautor*

Weinhaus Fendel

EIBINGEN

REZEPTE
AUS DER KLOSTERKÜCHE

WEIN &
SPUNDEKÄS'

KÜCHE

PREIS

AMBIENTE

Schon 1510 wurde das Eibinger Weinhaus Fendel gegründet und befindet sich seitdem im Familienbesitz. 1860 eröffnete Peter-Josef Fendel die Gastwirtschaft »Zur schönen Aussicht«, wo man heute noch die guten Rebensäfte aus eigenem Weinbau genießen kann. Im Sommer bietet das Weinhaus Fendel den Gästen seine vielfachen Genüsse aus der internationalen Küche unter ei-

ner dicht bewachsenen Reben-Pergola an, die nicht nur vor der heißen Sonne, sondern auch vor Regen gut schützt. Gemütliche Stühle laden hier zum Verweilen ein, und die Aussicht über Rüdesheim und den Rhein verführt zum längeren Bleiben. Die Küche des von Karl-Werner Held geführten Hauses bietet Rheingauer Spezialitäten wie »Fendels Rieslingschmaus« oder Rezepturen aus der Klosterküche der nahe gelegenen Abtei St. Hildegard und auch mal exotische Speisen wie eine spanische Paella. Außerdem gibt es neben den Weinen des Weinguts auch Bier und Kaffee in allen Variationen.

WEINHAUS FENDEL
MARIENTHALER STRASSE 46
65385 RÜDESHEIM-EIBINGEN
TEL. 06722/2555
FAX 06722/406 776
TÄGLICH AB 16 UHR
SO UND FEIERTAGS AB 11.30 UHR

WWW.FENDELS.DE

BEEINDRUCKENDES PANORAMA

71

Café Seilbahn

RÜDESHEIM

PFLASTERSTEINE
ZUM ESSEN

BEWÄHRT & BÜRGERLICH

KÜCHE

PREIS

AMBIENTE

Nur wenige Meter von der Rüdesheimer Seilbahn entfernt findet man in der Oberstraße, mitten im Touristentrubel, das Café Seilbahn. Vor dem Café bieten einige Stühle und Tische einen Platz mitten im Getümmel, doch wer durch das Lokal hindurchgeht, findet sich in einem geräumigen Hof

wieder, der mit vielen Blumen und Pflanzen dicht bewachsen und teilweise überdacht ist. Hier kann man an mit karierten Decken gemütlich dekorierten Holztischen eine ganz besondere Köstlichkeit genießen: Pflastersteine zum Essen. Hausherr Gerhard Hovorka hatte die originelle Idee, aus Kuchenteig und Schokolade süße Pflastersteine zu kreieren, als vor einigen Jahren die Drosselgasse vor dem Haus neu gepflastert wurde und die alten Steine zum Verkauf angeboten wurden. Dazu gehört stilecht ein Rüdesheimer Kaffee,

CAFÉ SEILBAHN
OBERSTRASSE 43
65385 RÜDESHEIM AM RHEIN
TEL. 06722/2927
FAX 06722/4 8187
TÄGLICH AB 10 UHR
AUSSERHALB DER SAISON
MO RUHETAG
WWW.CAFE-SEILBAHN.DE

KLEINE GRÜNE OASE

der im lauschigen Garten des Café Seilbahn noch mal so gut mundet. Doch nicht nur süße Köstlichkeiten werden im idyllischen Garten des Cafes angeboten. Als Hausspezialität gilt die frische Wisperforelle, von der Chefin des Hauses selbst zubereitet. Dazu gibt es ausschließlich Weine aus dem Rheingau, aber natürlich auch ein gepflegtes Bier.

Jagdschloss Niederwald
RÜDESHEIM
ERHOLUNG HOCH ÜBER DEM RHEIN

EDEL & FEIN

KÜCHE

PREIS

AMBIENTE

Nur wenige Minuten vom touristischen Trubel des Rüdesheimer Niederwald-Denkmals liegt in einer Kurve mitten im Wald das Jagdschloss Nie-

derwald, historischer Adelssitz des Grafen von Ostein, mit dem Charme längst vergangener Tage. Das heute von Ursula und Richard Müller als Hotel und Restaurant geführte Haus verfügt über eine wunderbare Terrasse, die schattige Plätze unter einem Dutzend herrlicher Platanen bietet. Das Restaurant des Vier-Sterne-Hotels bietet eine vielfältige Karte, aus der vor allem die Wildgerichte hervorragen. Nur wenige Schritte von der Terrasse entfernt gibt es ein großes Wildgehege, das nicht nur Kinder dazu verlockt, kleine Rehe und große Böcke mit käuflichem Futter anzulocken. Auch die Seilbahn, die nach Assmannshausen führt, ist in unmittelbarer Nähe. Trotzdem ist von Trubel auf der Terrasse des traditionsreichen Jagdschlosses nichts zu spüren. Der Blick fällt auf den schönen Park mit Brunnen, Scheune, Kavaliershaus und den angrenzenden Wald. Kaffee und täglich frischer Kuchen munden in dieser Umgebung genauso wie ein festliches Menü, begleitet von Rheingauer Weinen. Wanderwege führen durch den Wald zum Niederwald-Denkmal und zu Aussichtspunkten, die imposante Blicke auf den Rhein und das Binger Loch eröffnen.

HOTEL JAGDSCHLOSS NIEDERWALD
AM NIEDERWALD 1
65385 RÜDESHEIM AM RHEIN
TEL. 06722/7106-0
FAX 06722/7106-666

TÄGLICH VON 7 BIS 23 UHR
WWW.NIEDERWALD.DE

ADELSSITZ MITTEN IM NATURPARK **73**

Lindenwirt

RÜDESHEIM

FRÖHLICHKEIT
BEIM WEIN

In echten Weinfässern kann man im Weingarten des Hotel Lindenwirt in der Rüdesheimer Drosselgasse Rheingauer Riesling genießen. Gute Laune und weinselige Fröhlichkeit ist auf der großen Terrasse des berühmten Weinlokals mitten in der Rüdesheimer Drosselgasse, die auch als längste

Weintheke der Welt bekannt ist, angesagt. Jeden Tag ab 16 Uhr gibt es hier unter der namensgebenden Linde zünftige Blasmusik zum Wein aus dem familieneigenen Weingut und anderen namhaften Rheingauer Weingütern. Aber auch frisch gezapftes Bier, Kaffee, Kuchen und andere Erfrischungen kann man hier im internationalen Reigen von Besuchern aus der ganzen Welt genießen. Dazu servieren die Lindenwirtin Marlene Breuer und ihr überaus freundliches Serviceteam kleine und große Köstlichkeiten wie den »Rüdesheimer Vesperteller« oder »Deftiges Winzergulasch«. Rund 250 Gästen bietet der Weingarten des »Lindenwirts« in der Drosselgasse Platz, und selbst im Winter kann man hier noch bei schönem Wetter in den kuscheligen Weinfässern »draußen« sitzen.

HOTEL LINDENWIRT
DROSSELGASSE
65385 RÜDESHEIM AM RHEIN
TEL. 06722/9130
FAX 06722/47 585
GANZJÄHRIG GEÖFFNET
IN DER SAISON AB 10 UHR
DURCHGEHEND
WWW.LINDENWIRT.COM

Rebenhaus

RÜDESHEIM

ÜBER DEM
RHEINGAU SCHWEBEN

BEWÄHRT & BÜRGERLICH

KÜCHE

PREIS

AMBIENTE

Einige Treppen muss man vom Rüdesheimer Niederwalddenkmal aus hinuntersteigen, bis man zum versteckt gelegenen Rebenhaus mitten in den

Weinbergen unterhalb des historischen Anziehungspunktes für Touristen gelangt. Wer mit der Seilbahn von Rüdesheim über den Wingerten schwebend zum Niederwalddenkmal kommt, entdeckt das kleine Gasthaus schon früher. Das Treppensteigen lohnt sich auf jeden Fall, im Rebenhaus erwartet eine überdachte, mit Hauswein völlig zugewachsene Terrasse die Gäste, denen die Mühe mit einen himmlischen Ausblick über den Rheingau und den Rhein belohnt wird. Man glaubt fast, über der Region zu schweben. Reichen die Plätze auf der überdachten Terrasse nicht aus, kann man auch mitten in den Weinbergen sitzen. Die Familie König hat das einst so traditionsreiche und später verwaiste Rebenhaus vor kurzem übernommen. Christina König sorgt sich nicht nur um den Service und stellt »ganz nebenbei« eigene Kunstwerke aus. Ihrem Mann, einem ausgebildeten Sommelier, liegt die Weinkarte am Herzen und Bruder Konrad König kocht leckere Gerichte nach der Jahreszeit. Das alles erhält man zu durchaus erschwinglichen Preisen.

REBENHAUS
AM NIEDERWALDDENKMAL 2
65385 RÜDESHEIM AM RHEIN
TEL. 06722/48358
FAX 06722/943736
GANZJÄHRIG GEÖFFNET
AB MÄRZ OHNE RUHETAG

TÄGLICH VON 10 BIS 22 UHR

GÜNSTIGE SPITZENWEINE

Rüdesheimer Schloss

RÜDESHEIM

SCHLOSSGARTEN IN DER
DROSSELGASSE

Jubel, Trubel, Heiterkeit, so stellt man sich die Rüdesheimer Drosselgasse vor und so ist sie ja eigentlich auch. Touristen aus aller Welt drängeln sich tagtäglich durch das steile, gepflasterte Sträßchen, in dem sich ein Weinlokal an das andere reiht. Doch etwa in der Mitte der Drosselgasse, quasi

als Kontrast zum weinseligen Schunkeltreiben rundum, tut sich ein sehr gemütlicher Garten mit schattiger Linde, einladenden blanken Holztischen, Kübelpflanzen und belaubtem Wintergarten auf. Der Hof des 1729 erbauten, geschichtsträchtigen »Rüdesheimer Schlosses«, in dem schon Goethe übernachtete, lädt mitten im Touristengetümmel zum beschaulichen Schöppchen und zum durchaus kulinarischen Genießen ein. Ausgeschenkt werden hier nur ausgesuchte Weine aus dem weit über den Rheingau hinaus bekannten Weingut der Inhaberfamilie Breuer. Susanne Breuer hat ein junges engagiertes Serviceteam zusammengestellt, das

RÜDESHEIMER SCHLOSS
DROSSELGASSE
65385 RÜDESHEIM AM RHEIN

TEL. 06722/9050-0
FAX 06722/9050-50
TÄGLICH UND GANZJÄHRIG GEÖFFNET
WWW.RUEDESHEIMER-SCHLOSS.COM

GEPFLEGTE GASTLICHKEIT IN DER
DROSSELGASSE

freundlich und zuvorkommend die Gäste bedient. Auf der Karte stehen Rheingauer Klassiker und feine Köstlichkeiten, die von Monat zu Monat wechseln. »Hessische Tapas« sind hier genauso empfehlenswert wie »Breuers Lieblingssalat« oder die »Schloss-Ente«. Wer also die Drosselgasse einmal anders erleben will, der ist hier genau richtig.

Zur Lindenau

RÜDESHEIM

MUTTERN
KOCHT SELBST

WEIN &
SPUNDEKÄS'

KÜCHE

PREIS

AMBIENTE

In der verkehrsberuhigten Zone mitten in der Altstadt von Rüdesheim, nur wenige Gehminuten von der mit Touristen überfüllten, weltberühmten

Drosselgasse entfernt, findet sich eine feine, kleine und herrlich begrünte Oase im Weingarten des traditionsreichen Gasthauses »Zur Lindenau«. Seit 1874 ist das Weingut und Hotel im Familienbesitz, und die heutige Inhaberin Petra Bacholle bekocht ihre Gäste hier noch mit viel Liebe selbst. Ihre beliebte Hausspezialität »Rustikales aus dem Pfännchen« gehört neben Rheingauer Klassikern aus der gutbürgerlichen Küche zu den Angeboten der gemütlichen, einladenden Weinstube. Dazu gibt es eine große Auswahl edler Weine aus dem eigenen Anbau, serviert von der Chefin persönlich auf der rebenumwachsenen, Terrasse des Weingutes und Hotels, die schöne Schattenplätze und sonnige Winkel bietet. Zwischen blühenden Oleanderbäumchen in Holzbottichen, Weinangeboten in Schubkarren unter einer schattenspendenden Pergola, wild bewachsen mit Hauswein, kann man mitten im Trubel von Rüdesheim noch beschauliche Ruhe genießen und Rheingauer Lebensfreude bei Leckereien kennen lernen.

WEINSTUBE »ZUR LINDENAU«
LÖHRSTRASSE 9
65385 RÜDESHEIM AM RHEIN
TEL. 06722/3327
FAX 06722/3554
GEÖFFNET TÄGLICH
VON OSTERN BIS NOVEMBER
8 - 22 UHR
WWW.ZUR-LINDENAU.DE
KELLEREIBESICHTIGUNGEN
MIT WEINPROBE

77

Hotel Schön

ASSMANNSHAUSEN

VON DER KUTSCHERKNEIPE
ZUM HOTEL MIT FLAIR

SCHICK & SCHÖN

KÜCHE 🖿🖿 PREIS 💙 AMBIENTE ☘☘

Treidler und Händler saßen einst schon auf der Terrasse des heutigen Hotels Schön an der Rheinuferstraße in Assmannshausen und weideten sich an dem Paradeblick auf den Rhein und das romantische Tal. Als Wechselstation für die Treidelpferde war der Gasthof 1752 gegründet worden. Hier

fanden die Treidler, deren Pferde die schweren Lastkähne den Rhein stromaufwärts zu ziehen hatten, eine Pferdetränke und ein Lager für die Nacht. Heute finden die Gäste hier wohl keine Pferde mehr, aber ein erstklassiges Hotel mit der schönsten Aussicht auf den Rhein, der aus dem Binger Loch in das Mittelrheintal eintritt. Rund um das Haus mit historischer Fassade schmiegt sich eine herrliche Terrasse, die ganz mit Reben und im Sommer blassblau blühenden Glyzinien zugewachsen ist. Hier serviert der heutige Inhaber Karl-Hans Schön seinen Gästen nicht nur edle Rebensäfte aus dem hauseigenen Weingut und dazu passende feine Winzerküche, zubereitet von Chefkoch Volker Zinser, der nur frische, heimische Produkte verwendet. Für süße Leckermäulchen gibt es eine große Auswahl frischer Kuchen aus eigener Konditorei, der einfach alle Kalorientabellen vergessen lässt. Rund 70 Gäste finden auf der lauschigen, durch das grüne Dach beschatteten Terrasse direkt am Rhein Platz.

WEINGUT UND HOTEL KARL SCHÖN
RHEINUFERSTRASSE 2-4
65385 RÜDESHEIM-ASSMANNSHAUSEN
TEL. 06722/2225, FAX 2190
MÄRZ BIS ANFG. NOV. AB 7.30 UHR
WARME KÜCHE 12-14.30 UHR UND
18-21.30 UHR, AN WOCHENENDEN
UND FEIERTAG DURCHGEHEND
WWW.KARL-SCHOEN.DE
REIZVOLLE LANDSCHAFT
UND GUTER WEIN

Unter den Linden

ASSMANNSHAUSEN

VON BERLIN BIS AN DEN RHEIN

Das Hotel »Unter den Linden« hat seinen Namen in Erinnerung an die Bundeshauptstadt und ihren Prachtboulevard. Paul Klingenburg, Olympio-

nike im Berlin der 30er-Jahre und der Großvater des heutigen Inhabers Eckhard Klingenburg, gab den einstigen »Rheingold-Terrassen« am ruhigen westlichen Ende der Rheinstraße in Assmannshausen diesen Namen. Seit

über 80 Jahren pflegt das Hotel »Unter den Linden« Gastlichkeit auf der Sonnenseite des Lebens. Die aus Norwegen stammende Hausherrin Pernille und ihr Mann Eckhard Klingenburg laden auch heute noch dazu ein, in ihrem Haus einmal die Seele baumeln zu lassen. Und das kann man vor allem auf der wundervollen Terrasse, die rund 150 Plätze unter einem dicht verwachsenen Rebendach bietet. Mit exklusivem Blick auf den Rhein kann man hier die kulinarischen Köstlichkeiten des Hauses genießen, wozu frischer Fisch, der berühmte Lammrücken und verschiedene Pasta, auch für Vegetarier, gehört. Je nach Saison gibt es frische regionale Spezialitäten wie Spargel, Wild und Pilze. Nachmittags locken Kaffee und Kuchen zwischen blühenden Hortensien, überquellenden Blümenkübeln voller Begonien und schaukelnden Ampeln mit Geranien.

HOTEL »UNTER DEN LINDEN«
RHEINALLEE 1
65385 RÜDESHEIM-ASSMANNSHAUSEN
TEL. 06722/2288, FAX 47201
MÄRZ BIS NOV. TÄGL. 7-22 UHR
MITTAGSTISCH 11.30-14.30 UHR
KAFFEE, KUCHEN 14.30-17.30 UHR
DANACH ABENDKARTE
WWW.UNTER-DEN-LINDEN-HOTEL.DE

PARADIESISCH BLÜHENDER GARTEN

Zur Krone

ASSMANNSHAUSEN

KRÖNUNG RHEINGAUER
GASTLICHKEIT

EDEL & FEIN

KÜCHE

PREIS

AMBIENTE

Kaum ein Restaurant im Rheingau hat so Geschichte geschrieben wie das legendäre Hotel »Krone Assmannshausen«. Deutschlands berühmteste Dichter und Denker, Geheimrat von Goethe an der Spitze, ließen sich weiland hier schon verwöhnen. Das romantische Hotel wurde 1541 eröffnet,

und Künstler, Literaten und sogar Könige wohnten und speisten dort. Die 450 Jahre lange Historie des Hauses lieferte dem Wiesbadener Schriftsteller Hans-Dieter Schreeb genug Stoff für einen Roman. Im Sinne dieser gastfreundlichen Tradition lädt das Hotel »Krone« noch heute ein, das Leben mit allen Sinnen zu genießen. Vor allem im Sommer kann man sich auf der herrlichen großen Terrasse der »Krone« von den Impressionen der Umgebung und den saisonalen Menüvorschlägen des seit Jahren dort wirkenden Chefkochs Willi Mittler verwöhnen lassen. Die von Glyzinien überrankte Terrasse bietet rund 120 Plätze und ist ein romantischer Treffpunkt, wenn die Sonne die rebenbewachsenen Hänge des Rheintales streichelt. Ein vielseitiges Angebot an kulinarischen Köstlichkeiten, ein wirklich überragendes Sortiment edler Tropfen und nachmittags Kaffeespezialitäten aus aller Welt und Feines aus der Kronenbäckerei lassen keinen Wunsch offen. Das hauseigene Gourmet-Restaurant bietet feinste Gaumenfreuden in Kombination mit edelsten Weinen. Zum Mittag gibt es eine zusätzliche Karte mit bürgerlicher Küche (moderate Preise), zwischen 14.30 und 18 Uhr die Nachmittagskarte mit kleinen Speisen und Kuchen-Auswahl.

HOTEL KRONE ASSMANNSHAUSEN
RHEINUFERSTRASSE 10
63385 RÜDESHEIM-ASSMANNSHAUSEN
AM RHEIN
TEL. 06722/4030, FAX 06722/3049
TÄGLICH UND DURCHGEHEND
GEÖFFNET

WWW.HOTEL-KRONE.COM

ROMANTISCHE ZEITREISE INKLUSIVE

Ein herrliches schattiges Plätzchen an heißen Sommertagen ist der ruhige, gemütliche Weingarten des Weingutes Thilo Strieth, etwas versteckt abseits der Hauptstraße in Aulhausen.

Ein plätschernder kleiner Brunnen, gemütliche Tische im schön begrünten Garten mit angrenzendem Tannenwäldchen und ein gut einsehbarer eigener kleiner Spielplatz für die jüngsten Besucher versprechen einen erholsamen und genussreichen Nachmittag und schöne laue Sommerabende. Winzer Fred Strieth kümmert sich hier sehr freundlich höchstpersönlich um die Wünsche seiner Gäste und schenkt Wein am einladenden Weinstand direkt im Garten aus. Das Weingut umfasst eine Fläche von 3 Hektar in den besten Assmannshäuser und Rüdesheimer Steillagen. Naturnaher Anbau und konsequente Qualität im Weinberg seien die Grundvoraussetzungen für die Erzeugung bester Weine, erklärt der Winzer. Dazu gibt es natürlich hervorragendes Essen aus dem zum Weingut gehörenden Landgasthof. Die Angebote reichen von Kräuterschaumsuppe über Vesperteller und Käsevariationen bis hin zu Lachstatar, Pilzragout und Wildsülze.

WEINGARTEN THILO STRIETH
HAUPTSTRASSE 43
65385 RÜDESHEIM-AULHAUSEN
TEL.06722/4646
FAX 06722/2186
MAI BIS SEPTEMBER
DO U. FR AB 17, SA AB 15,
SO UND FEIERTAGE AB 12 UHR
WWW.WEINGUT-STRIETH.DE
KEINE HEKTIK,
KEINE STAUS, NUR GEMÜTLICHKEIT

Weingut Laquai

LORCH

IM GARTEN
VOR DEM FACHWERKHAUS

WEIN & SPUNDEKÄS'

KÜCHE

PREIS

AMBIENTE

Etwas versteckt, ein Stück abseits der Straße, liegt im Ortskern von Lorch ein romantisches Fachwerkhaus. In dem kleinen, sonnigen Garten direkt vor dem Haus, abgetrennt von einer mit Reben im Topf dekorierten Mauer, lädt das Weingut Laquai im Sommer zum Genießen pur. »Wein, Weinbrand,

Sekt« heißt es im Firmenlogo des vielseitigen Weingutes. In der hauseigenen Brennerei wird seit über 100 Jahren Hochprozentiges aus den eigenen Rebensäften hergestellt, vor einigen Jahren kam die Sektkellerei dazu. Alle flüssigen Produkte des Weinguts sind im hauseigenen Gutsausschank natürlich zu verkosten, dazu gibt es auch ein kleines Bier für Freunde des kühlen Blonden. Und natürlich wird auch Kulinarisches aufgetischt. In der Küche steht die Chefin des Hauses höchstpersönlich am Herd, und Nikola Schuhmacher ist nicht nur für ihre Bratkartoffeln bekannt. Nur hochwertige, regionale Produkte, mit Vorliebe heimisches Gemüse, Wild aus den nahen Wäldern für das gerne bestellte Wildschweinfilet oder Forellen aus der vorbeifließenden Wisper verarbeitet sie für ihre Gäste. Das alles lässt sich im Sommer an rund 30 Plätzen in dem lauschigen, mit Pflanzen bewachsenen Garten genießen, im Winter in den gemütlichen Räumen des Fachwerkhauses im Erdgeschoss und im ersten Stock.

WEINWIRTSCHAFT LAQUAI
SCHWALBACHER STRASSE 20
65391 LORCH
TEL. 06726/839 213

APRIL BIS ENDE OKTOBER
MI-FR AB 17 UHR
SA, SO UND FEIERTAGE AB 15 UHR
WWW.WEINGUT-LAQUAI.DE

BERÜHMT FÜR DIE BRATKARTOFFELN

Weinpavillon Ottes

LORCH

JAPANISCHE SPEZIALITÄTEN
AUS DER GUTSKÜCHE

WEIN & SPUNDEKÄS' KÜCHE PREIS AMBIENTE

Einen majestätischen Blick auf das Rheintal bei Lorch bietet das Weingut Ottes von seiner Hochterrasse aus. Exklusiv sind auch die wechselnden

japanischen Spezialitäten aus der hauseigenen Gutsküche. Hier steht niemand anderes als die aus dem Land des Lächelns stammende Hausfrau Fumiko Ottes am Herd. Sie hat die zum Rheingauer Wein exzellent passenden Speisen aus ihrer Heimat mit auf die Speisekarte des traditionsreichen Gutsaus-

schanks gesetzt und damit viele neue Freunde gewinnen können. Ihr Mann, der Önologe Gerald Ottes, den sie beim Studium kennen lernte, und Schwiegervater Helmut kümmern sich um die flüssigen Genüsse des 1841 gegründeten und in fünfter Generation betriebenen Familienweingutes. Auch diese können sich sehen lassen. Für Japanfans gibt es Menüabende mit japanischen Köstlichkeiten und Rheingauer Rebensäfte, und natürlich echte Rheingauer Schmankerl wie Spundekäs, Wisperforelle und Wildsülze; aber auch Spezialitäten wie »Langres«, einen Rohmilchkäse aus der Champagne mit Spätburgundergelee. Freundlichkeit und ein Gespräch mit dem fachkundigen Winzer sind inbegriffen. Gratis ist der herrliche Blick von der sonnigen Terrasse in das Weltkulturerbe Mittelrheintal.

Tipp: Reinhold Forschner,
Verlagsleiter ›Rheingau-Echo‹

GUTSSCHÄNKE WEINPAVILLON OTTES
BINGER WEG 1A
65391 LORCH
TEL. 06726/830083
FAX 06726/830084
FEBRUAR BIS ENDE OKTOBER
DO, FR AB 17 UHR
SA, SO U. FEIERTAGE AB 15 UHR

RHEINGAUER GEMÜTLICHKEIT UND
JAPANISCHE HERZLICHKEIT

Inhalt

Inhaltsverzeichnis

Rüdesheimer Schloss	Rüdesheim
Schloss-Schänke	Erbach
Unter den Linden	Assmannshausen
Weinschänke	
Schloss Groenesteyn	Kiedrich
Zum Rebhang	Hallgarten
Zur Krone	Oestrich

WEIN & SPUNDEKÄS'

Allendorf	Winkel
Antoniushof	Rauenthal
Arnet-Mühle Walluf	Walluf
Basting's Weinstuben	Winkel
Beim Elsje	Hattenheim
Dr. Corvers-Kauter	Mittelheim
Gutsausschank Ankermühle	Winkel
Gutsausschank	
Berthold Th. Kunz	Oestrich
Gutsausschank Franz Herke	Oestrich
Gutsausschank Gelbes Haus	Eltville
Gutsausschank Hamm	Winkel
Gutsausschank Vinum	Oestrich
Gutsschänke	
Kapellengarten	Geisenheim
Gutsschänke Weingut Laquai	Lorch
Gutsschänke Weingut Ottes	Lorch
Langehof	Rauenthal
Lindenwirt	Rüdesheim
Magdalenenhof	Eibingen
Maximilianshof	Erbach
Rheinpavillon	Walluf
Schamarimühle	Johannisberg
Siebenmorgen	Eltville

Tannenhof	Hallgarten
Turmschänke	Geisenheim
Wein- und Sektgut	
F. B. Schönleber	Mittelheim
Weingut Diefenhardt	Martinsthal
Weinhaus Fendel	Eibingen
Weinhof Goldatzel	Johannisberg
Weinstube	
im Meßwingert	Martinsthal
Im Baiken	Rauenthal
Zum Bur	Kiedrich
Zum Scharfenstein	Kiedrich
Zum Wibbes	Kiedrich
Zur Lindenau	Rüdesheim

EDEL & FEIN

Burg Schwarzenstein	Johannisberg
Jagdschloss Niederwald	Rüdesheim
Kronenschlösschen	Hattenheim
Schloss Johannisberg	Johannisberg
Schloss Reinhartshausen	Erbach
Schloss Vollrads	Winkel
Zur Krone	Assmannshausen

Hit-Liste
UNSERE
FAVORITEN

BEWÄHRT & BÜRGERLICH

Rebenhaus	75
Zehntenhof	60
Zur Traube	34
Waldgaststätte Rausch	20
Café Seilbahn	72

KIND & KEGEL

Bootshaus	61
Detlev von Oetinger	29
Weinhof Martin	33
Zur Krone	21
Weingarten Thilo Strieth	81

SCHICK & SCHÖN

Rüdesheimer Schloss	76
Zum Rebhang	40
Die Wirtschaft	53
Grüner Baum	41
Hotel Schwan	46

WEIN & SPUNDEKÄS'

Allendorf	51
Gutsausschank Hamm	56
Gutsausschank Ankermühle	55
Gutsausschank Gelbes Haus	14
Zum Wibbes	25

EDEL & FEIN

Kronenschlösschen	37
Schloss Vollrads	59
Schloss Reinhartshausen	32

Die Autorin

SABINE FLADUNG

geboren und aufgewachsen im Rheingau, hat nach dem Abitur 1984 an der
Rheingau-Schule in Geisenheim ein
Studium der Germanistik an der
Johannes-Gutenberg-Universität in
Mainz begonnen. Parallel zum Studium
begann sie als freie Mitarbeiterin im
Rheingau-Echo zu arbeiten. Als Mutter
der Zwillinge Katharina und Alexander
und des Nesthäkchens Robert hängte
sie das Studium an den Nagel und ver-
legte sich ganz auf die freie journalis-
tische Arbeit. Sie arbeitet seit über 20
Jahren vornehmlich für das Rheingau-
Echo, befasste sich aber auch schon
für andere Zeitungen und Publikatio-

nen mit Kunst, Kultur und Küche in der heimischen Weinbauregion. »Für mich ist es jeden Tag aufs Neue ein Geschenk, in einer der schönsten Gegenden Deutschlands leben zu können, die mit dem Rhein und seiner prachtvollen Uferlandschaft, den herrlichen Rebenhängen, den reich bewaldeten Ausläufern des Taunus, historischen Schlössern und Burgen und vor allem auch den gastfreundlichen Bewohnern, die guten Wein und dazu passende Speisen von jeher zu schätzen wissen, das Leben hier so genussreich machen«, so die Journalistin. In ihren Publikationen, egal ob Vereinsberichterstattung, kulturelle und kulinarische Themen oder gar Mundarterzählungen, stellt sie deshalb gerne den Rheingau, seine Menschen und seine Kultur in den Mittelpunkt. Die vielen Restaurants, Gaststätten und Gutsschänken ihrer Heimat hat sie dabei immer auch fest im Blick.